indayi

edition

Besuche uns im Internet:

www.indayi.de

indayi
i
edition

Bibliografische Information der Deutschen Nationalbibliothek:

Die Deutsche Nationalbibliothek verzeichnet diese Publika-
tion in der Deutschen Nationalbibliografie; detaillierte bibliografische Daten sind im Internet über http://dnb.d-nb.de
abrufbar.

1. Auflage Januar 2019

© indayi edition, Darmstadt

Gesamtleitung Lektorat, Umschlaggestaltung und Satz: Birgit
Pretzsch

Lektorat: Anna Nestmann

Printed in Germany

ISBN-13: 978-3-947003-27-3

Constant Kpao Sarè

Tschinku

im Gastland

Meine Heimat

Deine Heimat

Roman

Constant Kpao Sarè

Geboren 1974 in Djougou (Bénin), Maître de Conférences am Département d'Etudes Germaniques (DEG)
an der Université d'Abomey-Calavi in Benin (UAC). Studium der deutschen Literatur und Sprache an der Université Nationale du Bénin, Universität des Saarlandes
(Deutschland) und Université Paul-Verlaine de Metz
(Frankreich), sowie der Verwaltungswissenschaften an
der deutschen Hochschule für Verwaltungswissenschaften Speyer. Promotion in Germanistik (2006). Seine Forschungen widmen sich u.a. der *Postkolonialen Erinnerungskultur in der zeitgenössischen deutschsprachigen
Afrika-Literatur,* wozu er auch zahlreich publiziert.

Für

Meyaki Karol

Tissora Benedikt

Nassara Michelle

Djetnan Jürgen

Klehou Wilhelm

„Zwei Seelen wohnen, ach! in meiner Brust, die eine will sich von der anderen trennen."

Johann Wolfgang von Goethe

& & &
Ein Mann ist verbittert

E s gibt mindestens zwei Personen, denen das Wort nicht genommen werden kann, zwei Personen, mit denen nicht diskutiert werden darf, zwei Personen, die man nicht zu bekehren versuchen sollte, zwei Personen, denen nicht widersprochen werden darf. Es gibt im Leben mehr als zwei Arten von Menschen, denen man zuerst nur aufmerksam zuhören müsste, bis sie alles gesagt haben, bis sie den Mund zugemacht haben, bis sie einen nach etwas fragen und bis sie schweigen und einen ansehen und demutsvoll beobachten, als ob sie von einem das *„nicht schuldig"* des Richters oder ein *„mein Sohn, deine Schuld wird dir vergeben"* des Priesters erwarten.

Es gibt den Verräter, der unter allen Umständen kurzen Prozess macht, den schuldbewussten, reumütigen Brandstifter, der sich endlich entscheidet, hemmungslos zu reden. Der Übeltäter, der über alles sprechen will, über die kaum denkbare, erbarmungslose, barbarische, grausame und brisante Wahrheit, über die härteren Maßnahmen, durch welche er die Weltordnung gemein zerstört hatte, über die Brutalität, mit der er unschuldige Menschen rücksichtslos und hartherzig gefoltert hatte, über getötete Kinder, Frauen und Schwerbehinderte, über ruinierte Leben – von dieser Person wird gewiss nicht die Rede sein in der nachkommenden Erzählung.

Es gibt den durch soziale Ungerechtigkeit erbitterten Menschen, den Menschen, der eine unsinnige und absurde Realität jahrzehntelang kraftlos, machtlos und wehrlos erlebt hatte. Den Menschen, der sein eigenes Leben allmählich und graduell in eine labyrinthische, verwirrende, dunkle und geheimnisvolle verdammte Höhle herunterstürzen sah, ohne reagieren zu können, ohne es zu wagen, irgendetwas zu unternehmen.

Ich begegnete ihm kurz vor seinem fünfundvierzigsten Geburtstag während meines einwöchigen Aufenthaltes in Saarbrücken, wo ich weit weg von meinem alltäglichen vorschriftsmäßigen Leben versuchen wollte, mich wieder in die Stimmung und Umgebung der damaligen Studienzeit zu vertiefen. Er sah wie ein sechzigjähriger, mitteloser und familienloser Bauer aus, der seinen letzten Hund aus Mangel an Futter sterben sah: arm, hoffnungslos und jämmerlich gekleidet, mit einer Zigarettenschachtel als Jonglierspielzeug. Der offensichtlich arme Mann stand plötzlich vor mir, nachdem er seine altmodische dunkle Sonnenbrille von den Augen genommen hatte, damit er seinen eigenen Augen trauen konnte.

Als ich ihn sah, versuchte ich, ihm auszuweichen. Der Mann kam mir aber artig und freundlich entgegen, mit einem familiären Lächeln, welches nur einer bekannten Person angeboten werden kann. Ich bemühte mich darum, sein kodifiziertes und fast provozierendes Grinsen nicht wahrzunehmen, besser gesagt, mich vor dieser ungünstigen und lästigen Erscheinung und deren jämmerlichen Aufführung zu schämen: ich hatte ihn nicht erkannt. Ich glaubte, ich hatte es mit einem Bettler zu tun und sagte mir ganz leise: „*On aura tout vu!*". Es wäre in der Tat das erste Mal für mich, mit eigenen Augen einen schwarzen Straßenbettler in Deutschland zu sehen. Abgesehen davon, dass er keinen beängstigenden, hässlichen und schmutzigen Hund dabei hatte, sah er wie einer der Obdachlosen aus, die zu jener Zeit vor dem Saarbrücker Rathaus zu sehen waren.

Eigentlich fühlte ich mich weder unwohl, weil der Mann wie ein Almosenempfänger aussah, noch weil ich auch schwarz bin, sondern vielmehr, weil ich ein schwarzer Minister war. Ich hatte sozusagen Gewissensbisse und fragte mich, was die Deutschen glauben würden: Noch einer der vielen hungernden Menschen, die in Afrika nichts zu essen bekommen und zu uns zum Betteln kommen. Aber ich verstand nicht, wieso ich dieses Schuldgefühl und dieses schlechte Gewissen hatte. Schließlich wusste ich gar nicht, aus welchem Land der Mann kam.

Je intensiver ich mich allerdings mit dieser Idee auseinandersetzte, desto unwohler fühlte ich mich. Blitzartig bekam ich ein Stück Klarheit in den entwürdigenden Gedanken, in den Schattenvorhang vor

9

Augen. Eine mir nicht unbekannte Stimme, die ich dennoch nicht identifizieren konnte, flüsterte mir leise immer wieder in die Ohren: „Sie, Verbrecher! Sie, unverschämter Ausbeuter! Dies ist das Ergebnis Ihrer geschmacklosen Inkompetenz, Ihres Mangels an Patriotismus und Ihrer dreisten und frechen Machtgier! Das ist noch eines der Opfer Ihrer schlechten Politik!".

Diese Worte landeten direkt in meinem Gedächtnis wie ein Elektroschock. Nach einer kurzen Weile konnte ich wieder klarsehen. Der Nebel war nicht mehr da. Die Gedächtnisverwirrung und die fremde Stimme waren auch verschwunden. Nun konnte ich sie erkennen. Es war die Stimme von Dossou, einem unserer strengsten und unsympathischsten Gewerkschafter. Seine Worte waren nicht mehr zu hören, aber das Gefühl meiner eigenen Nutzlosigkeit war geblieben.

Bevor ich mir meine Enttäuschung anmerken ließ, stand nun der mitleiderregende Mann vor mir und versuchte vergeblich, mich zu umarmen, ohne daran zu denken, dass er meinen lilienweißen Anzug durch seine Lumpen, eine nicht gebügelte Bluejeans und ein teilweise entfärbtes T-Shirt, beflecken würde. Die ersten Worte, die er aussprach, brachten mich sofort in die unerbittliche Realität zurück: der Mann kannte mich. Er war zweifelsohne einer meiner zahlreichen Freunde aus der Schule.

- „Barka! Mein gutes Kind!" schrie er mir gegenüber auf, ohne dabei der Versuchung zu widerstehen, während des Händedrucks mit den Fingern zu klappern, auf die Art und Weise, wie wir uns früher begrüßt hatten.

Er wagte, mich mit dem Scherznamen anzureden, mit dem mich seit mehr als einem Vierteljahrhundert niemand mehr getraut hatte anzusprechen. Die Bezeichnung „Gutes Kind" war mit meiner Persönlichkeit schon damals im Gymnasium verbunden. Unser erster Deutschlehrer - der eigentlich Englischlehrer war und kaum Deutsch sprechen konnte – pflegte, mir mit diesem Ausdruck jedes Mal zu gratulieren, wenn ich auf Anhieb das Datum richtig gelesen hatte, was für die meisten von uns damals eine Sisyphusarbeit war.

Um ihn zu erkennen, musste ich meinen ewig aus den Augen verlorenen Freund und augenblicklich unerwünschten Sozius lange und umfassend anstarren.

- „Jakob! Jakob!" freute ich mich endlich, allerdings nicht wegen unserer Begegnung, sondern wegen der Meisterleistung meines Gedächtnisses.

Jakob war sein Spitzname, eine, wie ich finde, gelungene Veränderung von Jakubu, seinem Vornamen. Als Schüler durften wir zwar mit unseren Rufnamen spielen, wie wir mochten, aber die Nachnamen galten als fast sakral und durften deshalb nur mit Rücksicht und Respekt ausgesprochen werden. Jeder Missbrauch von Familiennamen wurde von den Lehrern streng bestraft.

Ich sah Jakubu minutenlang an und fand trotz voller Anstrengungen keine Worte. Es war für mich eine große und schlechte Überraschung. Trotz großer Bemühungen konnte ich mir einfach nicht vorstellen, dass Jakubu, der allervernünftigste und fleißigste von uns allen, da vor mir stand, quasi in eine Mumie verwandelt.

Es war endlich Jakubu, der mich wieder aus meinen Erinnerungen in die Gegenwart zurückrief, als er sagte:

- Barka, hör auf nachzudenken! *C'est la vie!* So ist das Leben. Entweder hast du dein Leben im Griff oder du bist von deinem eigenen Schicksal hin- und hergetrieben wie ein Blatt vom Wind. Ich bin von meinem Leben in eine Sackgasse geführt worden.

Mir kam die Idee, ihn zu einem Kaffee in das - auch für den Minister, der ich war - teure Bahnhofscafé einzuladen. Ich verzichtete jedoch auf die Überlegung nicht aus finanziellen Gründen, sondern weil es mir komisch und seltsam schien, mit so einem sozialen Habenichts- und sei es ein ehemaliger Klassenkamerad - in der Öffentlichkeit zu erscheinen. Ich fand es vernünftiger, ihn in mein Hotel zum Abendessen einzuladen. Wir vereinbarten also einen Termin gegen zwanzig Uhr. Ich erinnerte Jakubu daran, dass er mich vielleicht nicht genau Punkt zwanzig Uhr im Hotel finden würde und dann kurz auf mich warten sollte.

- Ja, ich weiß. „Gegen zwanzig Uhr" haben wir gesagt. Es ist bekannt, dass wir Afrikaner das Wort „um" nicht gebrauchen, wenn es um Termine geht, anstelle benutzen wir „gegen", weil die Zeit für uns immer dehnbar und elastisch ist. Das weiß ich noch.

Das war seine, wie ich fand, raffinierte Antwort, die er allerdings ohne jegliche diplomatische Rücksicht, sondern mit fast pfiffigem Selbstbewusstsein formulierte.

Ich musste mich von Jakubu verabschieden, nachdem ich noch viele Grüße an seine Frau gerichtet hatte, obwohl ich mir gewissermaßen sicher war, dass er keine mehr hatte, weil er so unglücklich und unbekümmert aussah.

Das Treffen

Am Abend dachte ich extra daran, das Zimmermädchen darum zu bitten, einen zweiten Stuhl in mein Hotelzimmer zu bringen und zwei Teller *Dibbelabbes*, eine saarländische Kartoffelspezialität, zu bestellen. Ich wollte Jakubu nicht im Gemeinschaftsraum empfangen, weil ich einerseits wusste, dass wir uns viel zu erzählen hatten, und weil mir andererseits bewusst war, dass eine ruhige Umgebung der geeignetere Ort dafür war. Jakubu aber meinte, etwas Anderes hinter meinen Gedanken entdeckt zu haben. Als ich ihm mitteilte, dass wir es uns in meinem überwiegend in Türkis gehaltenen Zimmer gemütlich machen würden, sagte er laut und ganz hörbar, ohne auf die Hotelgäste in der Halle zu achten, wo ich ihm entgegenkam:

- Du hast Recht, Herr Minister! Es dient unserem Bild nicht, wenn du dich mit mir in der Öffentlichkeit zeigst.

Ohne mir die Gelegenheit zu geben, etwas zu meiner Verteidigung zu sagen, fragte er übereilt:

- Bist du eigentlich hier von Amts wegen oder hast du an uns gedacht?

14

- „Beides" antwortete ich, ohne zu vergessen, seinen schmächtigen Körper zu umarmen und ihn gegen meinen Bierbauch zu drücken.

Mit diesem Verführungsmanöver wollte ich es ihm bequemer und vertraulicher machen, damit sein erster Eindruck von mir verschwand. Dann nahm ich seine Hand und führte ihn in mein Zimmer. Dort demonstrierte ich ihm meine ganzen Kenntnisse in Farbensymbolik. Ich erklärte, dass der grünlich-blaue Farbton der Tapeten, Vorhänge und Möbel für fruchtbare gedankliche Kreativität stehen würden. Obwohl ich nichts mit dieser Zimmergestaltung zu tun hatte, dachte ich dadurch, meine Präferenz für unsere Unterhaltung in meinem Schlafraum verständlich zu machen.

Als wir am Tisch waren, vergaß ich nicht, auf die Frage von Jakubu noch einmal explizit zu antworten:

- Mein Lieber, ich schlage zwei Fliegen mit einer Klappe. Ich bin nach Hannover gekommen, um an der offiziellen Eröffnung der Weltausstellung teilzunehmen, und ich habe an euch gedacht. Weißt du? Aus dem Land der Eichhörnchen haben wir bei dieser Messe unsere geschätzten Grasnager (*Agoutis*) ausgestellt. Ich weiß, Ihr Europäer glaubt immer, wir könnten nur tanzen und singen. Aber wir sind auch gut in Viehzucht, nämlich der Grasnagerzucht. Ich bleibe hier eine Woche und dann kehre ich verrichteter Dinge in mein

Ministerium zurück. Dort wartet schon jetzt viel zu viel Arbeit auf mich."

Da Jakubu auf meine Provokation nicht einging, formulierte ich bewusst eine neue Herausforderung, bevor wir mit dem Essen fertig waren. Ich konnte nämlich feststellen, dass mein Freund die Kunst unseres Hotelkochs zu schätzen wusste, da er offensichtlich mit viel Appetit dieses Gericht schlemmte, das ich geschmacklos, zu mild, nicht genug gewürzt und nicht scharf fand.

- „Jakob, schieß los!" brüskierte ich.

Da kein Wort aus seinem Mund kam, weil er mit Kauen beschäftigt war, nutzte ich die Gelegenheit, um ihn ein bisschen aufzuziehen:

- Jakubu, du bist ja Saarländer geworden. Schau mal, mit wie viel Appetit du dein Gericht genießt!

- „Nein, nein! Um Gotteswillen beleidige mich nicht, mein Bruder. Ich bin kein Deutscher, geschweige denn Saarländer. Ich bin nur Deutscher auf dem Papier. Ich kann nie Deutscher werden. Ich habe eine deutsche Frau und zwei deutsche Kinder. Aber ich! Ich werde nie Deutscher. Ich bin und bleibe Afrikaner von Kultur", erwiderte er mit vollem Mund und übertriebener Unerbittlichkeit, als hätte ich ihn „Sklave" oder „Neger" genannt.

- „Deutscher auf dem Papier, das weiß ich genau", sprach er weiter. Und deswegen gehe ich niemals ohne meinen Ausweis aus dem Haus. Ich weiß, dass ich ohne Ausweis verloren bin. Keiner, mich eingeschlossen, würde daran glauben, dass ich Deutscher bin, wenn ich mich nicht ausweisen könnte. Ja, beweisen können, das muss ich immer und überall. Vom ersten Tag als ich hier ankam wusste ich schon, dass ich hier nicht zu Hause sein würde. Das brauchte mir auch übrigens niemand zu erzählen. Das habe ich selber täglich, geduldig und Schritt für Schritt herausfinden müssen.

Ich musste verstehen, dass das hiesige Zusammenleben nicht mit der Absicht aufgebaut wurde, damit irgendwann ein gewisser Tschinku hier leben kann. Hierzulande als richtiger Tschinku fortzuleben, das war nicht vorgesehen. Ich musste vieles neu lernen. Sogar das Essen musste ich nochmal einstudieren. Während die Kinder schon mit vier die Kunst des Gabelns, des Löffelns und des Messerschneidens beherrschten, musste ich mich, als Erwachsener, immer wieder lächerlich am Tisch machen. Wie du sicher weißt, wird in unserer Tradition Ungeschicklichkeit beim Essen nicht toleriert. Ich persönlich erinnere mich immer noch sehr genau an die Ohrfeigen, die ich mir von meinen älteren Geschwistern einfing, wenn ich mir beim Essen beispielsweise die Rotznase putzte, wenn ich versuchte das Tagesgericht zu beschnuppern und dabei den appetitanregenden Geruch von brühheißem Palmöl abschätzte, oder wenn ich als erster satt war und versuchte, mich

17

vom Tisch zu entfernen, ohne nach der Zustimmung des Ältesten am Tisch zu fragen.

Hier scheinen die Leute doch Verständnis für unbeachtete Tischmanieren zu haben. Es wird keine Tracht Prügel verabreicht, wenn der Tischherr rechts von seiner Tischdame sitzt oder wenn der Gast seinen Teller Suppe auslöffelt, ohne auf seinen Gastgeber zu warten. Das alles wird meistens toleriert. Aber man versteht beim besten Willen nicht, dass ein Erwachsener eine so einfache Technik wie Messer in der rechten und Gabel in der linken Hand halten nicht beherrscht. Und ich musste trotzdem immer mit voller Aufmerksamkeit am Tisch sitzen, um dieses banale Verfahren nicht zu vergessen, um die Finger der rechten Hand nicht aus Versehen im Teller landen zu lassen oder um das Besteck nicht fallen zu lassen.

Ich musste verstehen, dass es für den richtigen Tschinku keinen Platz hier gibt. Dass es für mich keinen Friseur gibt, weil kein Haarschneider gelernt hat, wie man meine gekräuselten Haare schneidet. Dass das Leitungswasser für meine Haut nicht geeignet ist. Dass es nicht normal ist, einfach auf der Straße Tanzschritte ohne Grund aufzuführen. Dass es unhöflich ist, wegen einer Kleinigkeit zu lachen oder zu grinsen, und dass man stattdessen unauffällig lächeln sollte. Dass das Lächeln als Ausdruck der Sympathie und der Berührung eines anderen gilt, während das Lachen in der Öffentlichkeit meistens als nicht manierlich eingestuft wird.

18

Dass es unangebracht ist, sich einfach zu Unbekannten in einem Café oder Restaurant zu setzen.

Ich verstand ganz schnell, dass ich den Lehrsatz meiner Mutter „*dem Alter den Vortritt!*" per Luftpost zurückschicken konnte. Dass ich hier keine Anstalten zu machen brauche, um den Älteren meinen Sitz in den öffentlichen Verkehrsmitteln zu überlassen, weil sie bestimmt ablehnen würden. Dass man Leute nicht begrüßt, die man gar nicht kennt; ansonsten müsse man sich nicht wundern, wenn man gefragt wird: „Kennen wir uns?". Und zu guter Letzt, dass man ausschließlich auf sich selbst zählen sollte.

Weil ich gewiss kein wahres Tischleindeckdich erwartet hatte, habe ich das alles ohne große Mühe gelernt. Dann wurde ich Deutscher. Trotzdem muss ich immer meinen Ausweis dabeihaben, um zu beweisen, dass ich auch wirklich Deutscher bin. Also, mein Freund, ich bitte dich, komm nicht wieder mit Anspielungen in der Art, ich sei ein Saarländer."

Ich verstand, dass ich es mit einem verbitterten und einem mit allzu vielen Komplexen lebenden Menschen zu tun hatte, und riskierte kein Wort mehr. Ich fürchtete, ich könnte nochmal etwas Deplaziertes und Unangenehmes äußern. Jakubu aber sprach weiter:

- „Mein Freund, ich bleibe nur wegen meiner Tochter Conni und wegen meines Sohnes Uwe in Deutschland. Und nicht etwa wegen des Studiums oder wegen meiner neuen Staatsangehörigkeit. Hätte ich keine Verantwortung hier, wäre ich ebenfalls schon längst unverrichteter Dinge nach Hause zurückgekehrt.

Stell dir vor, seit zwanzig Jahren bin ich in Deutschland und seitdem bin ich nicht mehr zu Hause gewesen. Meine Eltern! ... Die sind beide gestorben. Gott hab' sie selig! Ich hatte von ihrem Tod erfahren, aber das Einzige, was ich wirklich tun konnte, war ihn zu beklagen. Ich habe mir tagelang die Seele aus dem Leib geweint. Es ist mir allerdings nicht gelungen, nach Hause zu fliegen, um sie zu begraben, um die Zeremonien zu organisieren und die Toten ruhen zu lassen ... Ich weiß! Du denkst jetzt, ich kenne sicherlich unsere Bräuche, Rituale und Riten nicht mehr. Aber das stimmt nicht. Ich weiß alles. Jede Nacht träume ich davon, endlich mal meine Heimat, mein Dorf, meine Familie - besser gesagt, das was davon übrig blieb - wiederzusehen: meine fünfzehn Geschwister, die noch jung waren, als ich nach Deutschland kam. Die haben seit Jahren keine Nachricht mehr von mir bekommen. Dennoch weiß ich alles über sie. Ich weiß, was sie alle jetzt tun, wie es ihnen geht. Ich habe mich immer danach erkundigt. Aber von mir wissen sie nichts. Ich kann ihnen nichts von mir erzählen. Es gibt nichts zu erzählen. Es ist ein Loch. Ja, ein Loch in der Zeit. Zwanzig Jahre, leer ..."

Jakubu schwieg eine Weile, als wäre er in seinen einsamen Gedanken verloren, als würde er anfangen zu weinen, als würde er aufstehen und von mir weglaufen.

Was sollte ich machen? Ihn Umarmen? Mit ihm sprechen? Und was genau sollte ich sagen? Sollte ich von der Zukunft, von der Gegenwart oder eher von der Vergangenheit sprechen? Vielleicht brauchte er auch nichts anderes als nur Ruhe. Vielleicht versuchte er eben, eine Gedenkminute für seine verstorbenen Eltern einzulegen. Ich beschloss, nicht zu sprechen, nicht zu reagieren. Ich wollte ihn nicht noch mehr dazu bringen wieder in die tiefe Vergangenheit zu sinken. Es war auch für mich unerträglich, ihn das sagen zu hören: ein Loch, ein Zeitloch. Doch Jakubu sprach weiter:

- „Dabei hatte alles gut angefangen. Dabei sollte ich geboren werden, um verwöhnt zu werden. Ich glaube nicht mehr an die ganzen Anekdoten, die die Älteren uns immer so erzählt haben, um entweder ein reines Gewissen zu bekommen oder Leute zu verdummen. Ich glaube nicht mehr an die alten Erzählungen, von denen unsere Kindertage so voll waren, Ammenmärchen von der Art: „Die Natur hat so entschieden, der Wahrsager hat so vorhergesehen, die Ahnen hätten es so gewollt.", oder Ähnliches. Trotzdem erzähle ich Dir, was die Alten über mein Schicksal berichtet haben:

Glaubt man der allgemein herrschenden Seelenlehre, die in meiner Großfamilie für meine Persönlichkeit galt, so soll ich eine Wiederverkörperung meines damals noch lebenden Großvaters gewesen sein. Der Überlieferung nach soll mein Großvater von Natur aus eine sehr verwöhnte Person gewesen sein, somit soll ich diese Natur ererbt gehabt haben. So soll ich als Baby schon alles darangesetzt haben, um meiner Mutter die Hölle auf Erden zu bereiten, damit sie mich widerwillig an meine Großeltern abgab.

Ich soll von Geburt an der bestauserwählte Säugling und Lieblingsgefährte aller Kinderkrankheiten gewesen sein: von der einfachsten Erkältung bis zur Grippe über Schnupfen, Angina, Kolik, Husten, Röteln, Fieber, Scharlachfieber, Malaria, Cholera, Rheuma, Kinderlähmung usw. hinaus. Mit zwei Jahren soll ich weder sitzen noch kriechen gekonnt haben, geschweige denn aufstehen, hüpfen und laufen. Meine so brave, tapfere, heldenhafte, anständige, zuverlässige und damals schwangere Mutter habe mich auf dem Rücken tragen müssen, um ihren Haushalt, besser gesagt, ihre Danaidenarbeit erledigen zu können: Wasser fürs Duschen vom Fluss holen, Frühstück vorbereiten, Geschirr spülen, mit bloßen Händen die Wäsche waschen, auf den Markt einkaufen gehen, Wasser fürs Kochen vom Brunnen holen gehen, Mittagessen vorbereiten, wieder Geschirr spülen, aus Achtung vor der knochenbrennenden Sonne und nicht etwa aus Rücksicht auf die Schwangerschaft sich eine kleine Pause gönnen, Kleider bügeln, Trinkwasser von der offenen Quelle holen gehen, Abendessen vorbereiten, noch einmal Geschirr spülen usw.

Während dieser zähen Alltagsroutine soll meine Mutter die Krankheit - die ihr Lieblingsstillkind derzeit besucht hatte – nie aus den Augen verloren haben, um sich, je nach der Art der Seuche, ein ärztliches Rezept verschreiben zu lassen, das sie aus eigener leerer Tasche bezahlen musste, oder sich damit begnügen, mich zum Trinken einer von meiner Oma vorbereiteten sehr sauren oder bitteren Pflanzenmischung zu zwingen.

Das Leiden meiner Mutter soll sich eines glücklichen Tages gemindert haben, so die Überlieferung, die ich später weder von meiner Mutter noch von meiner *Naana*, meiner Oma, noch von den zahllosen *Tantis*, den Tanten, bekam, sondern eher von den Hähnen im Stall, von meinem *Baaba*, dem Opa, von meinen *Tontons*, den Onkeln, und von meinem Vater. Du hast verstanden: Die ganze Erziehung eines Jungen fällt in die Zuständigkeit der Männer.

Manchmal frage ich mich allerdings, ob diese Männer nicht einen geheimen Auftrag erhalten hatten, mich darüber zu belehren, wie sehr meine Mutter unter meinem vorprogrammierten Schicksal zu leiden hatte. Denn so deckungsgleich konnte sonst die Wiedergabe derselben Geschichte durch unterschiedliche Personen nicht sein. Alle meine selbstbeauftragten Informanten formulierten nämlich denselben Übergang vom Leiden und von den Ärgernissen zur permanenten Lebensfreude, den meine Mutter erlebt hatte, mit folgenden Worten: *„Ein von Gott ausgemachter Tag kann nicht ausfallen"*.

Und der Tag, den Gott in seiner ewigen Gnade so gütig, barmherzig und sanftmütig festgelegt hatte, war der Tag, an dem ich von meiner Mutter an meine Großmutter weitergegeben wurde, genauso wie ein allgemeiner Arzt seinen Patienten an einen bekannten Spezialisten überweist. Die Übergabe fand, so fuhren meine Informanten fort, eines hellen, sonnigen, wolkenlosen und gottgesegneten Tages statt, als ein Wahrsager, der aus einem fremden, unbekannten Horizont kam, durch unsere Gegend wanderte. So soll das Schicksal alles genau so geplant haben, dass der Weg zum Markt, den meine Mutter und meine Oma gingen, den des anonymen Hellsehers traf. Dieser soll Mitleid mit meiner hochschwangeren Mutter gehabt und sich entschlossen haben, seine Kauris über die Position meines Schutzsternsystems zu befragen. Der geheimnisvolle Prophet soll unverzüglich über meine Vergangenheit, meine Gegenwart und meine Zukunft erfahren haben. Er soll den beiden Frauen die Patentlösung aufgezeigt haben, indem er erklärte, dass ich absichtlich und ganz gemein meine Mutter zum Leiden brachte, weil ich unbedingt bei meinem „Wiederverkörperungsidol", meinem Opa, aufwachsen wolle. Deswegen soll der gottgesendete Retter vorgeschlagen haben, dass meine Oma mich eilends aufnehmen und sich fortan um mich kümmern solle.

Das sei der Tag gewesen, an dem sich mein Lebensweg und der meiner Mutter unvermittelt getrennt haben. Das sei der Tag gewesen, an dem meine Mutter ihren bestens erfüllten Auftrag loswerden und meine Wunschamme, meine Oma, mich stillen und schaukeln durfte. Das sei der Tag gewesen, an dem ich mich mit meinen wirklichen Eltern, meinen Großeltern, endlich vereinigen durfte. Seit diesem Tag sei ich wie durch ein Wunder von allen Kinderkrankheiten befreit gewesen: keine chronische Erkältung, keine Kolik, keine Kinderlähmung mehr. Innerhalb von einer Woche soll ich angefangen haben zu laufen, ohne vorher weder das Sitzen noch das Aufstehen gelernt zu haben. Der Grund, warum ich meine eigene Entwicklung so mutwillig und vorsätzlich hinausgezögert haben soll, soll der gewesen sein, dass ich ein verwöhntes Opa- und Omasöhnchen sein wollte.

Gemäß der Vorhersage des fremden Hellsehers sollte ich allerdings später, nach dem Tod meines Opas, weit, sehr weit über Horizonte, Böden, Gebirge, Flachländer, Plateaus, Küsten, Wälder, Grenzen, Flüsse, Meere, Gewässer vorbei in ein Land auswandern, in dem mein Idol durch Reinkarnation ein neues Leben bekommen sollte.

Mein lieber Barka, wie du mich damals in unserer Jugend gekannt hattest, glaubst du ehrlich, dass ich an dieses Märchen glauben würde?"

- „Nein" antwortete ich kurz und knapp, weil ich mehr über diese Geschichte erfahren wollte.

Im Überfluss vorhanden waren solche erfundenen Gerüchte, dass verstorbene Menschen in anderen Weltteilen gesehen worden seien. Meine eigene Kusine ist eines Tages nach *Iboland* aufgebrochen, auf der Suche nach ihrer verstorbenen Mutter, nachdem irgendein Spinner, der dort eine kurze Zeit verbracht hatte, ihr erklärt hatte, er habe ihre Mutter dort getroffen und sich sogar mit ihr unterhalten können. Aus diesem Grund wollte ich der Erzählung meines Freundes bis zum Ende zuhören. So sagte ich: „Natürlich weiß ich, dass du daran nicht glaubst".

„So wenig wie ich die ganze Geschichte geglaubt hatte, genauso wenig hatte ich geglaubt und glaube dieser letzten Prophezeiung heute noch weniger, dass ich dorthin umsiedeln würde, wo mein verstorbener Opa sich befindet. Blödsinn.

Ich will glauben, dass nicht das ausgezeichnete Bestehen meiner Grundschulprüfung, sondern meine spitze Vermutung, dass der Tod meines so geliebten Opas drei Jahre später eintreffen könnte, mich dazu bewegt hatte, meine arme Oma im Stich zu lassen, um auf die Sekundarstufe I zu gehen. Ich akzeptiere, dass das Bestehen dieser Prüfung keine Rolle dabei gespielt hatte, meine Kindheitsfreunde zu verlassen beim Spielen mit dem Kreisel, beim Klettern auf Bäume, beim Rauben von Früchten, beim Schwimmen in kleinen Bächen, bei der Jagd auf kleine Tiere und Vögel usw.

Ich will vorgeben, dass mein Opa mir dann egal wurde, als es darum ging, meine immer schwächer werdenden Großeltern zu verlassen, um wieder zu meinen Eltern zu gehen, damit ich weiterhin die Schule besuchen konnte. Ich will annehmen, dass ich doch so herzlos geworden war, um mein Idol von *Baaba* zu verlassen, im Pflügen, Säen, Pflanzen, im Jäten von Unkraut und Streuen von Dünger sowie Insektiziden, im Beten um die Regentropfen und im unermüdlichen Versuch, wilde Tiere und Vögel aus den Äckern zu vertreiben usw. Ich will akzeptieren, dass ich mich freiwillig von meiner Oma getrennt habe bei der Ernte von Baumwolle, Mais, Hirse, *Sorgho*, Maniok, *Jamswurzeln*, Bohnen, Erdnüssen, Bananen usw., im Sammeln von Brennholz, *Shea*-Nüssen, Cashewnüssen, Palmnüssen, Mangos usw.

Ich will denken, dass ich ganz bewusst meine altgedienten Großeltern in die Situation versetzt habe, auf meine Hilfe zu verzichten und ausschließlich auf die Dorfsolidarität zu zählen, um ihre tägliche proteinarme Kost aus Maniokstärke, Maismehl und Gemüse aus dem harten Boden auszugraben, während ich *mein täglich Brot* von unserem *Vater im Himmel* bekam, vorausgesetzt, ich deklamierte das vorgeschriebene Gebet, das ich auf der Konfessionsschule gelernt hatte. Ja, das alles will ich glauben. Ich will glauben, dass das Ganze geschah, nicht weil ich auf die Sekundarschule gehen

musste, sondern weil ich geahnt habe, dass mein gelieb-
ter Opa bald sterben würde.

Ich will auch daran glauben, dass das Bestehen
meiner Prüfung zur Mittleren Reife, bei der ich die beste
Note im ganzen Distrikt bekam, mich nicht dazu moti-
vierte, meinen Ehrgeiz so zu treiben, dass ich vom Gymnasium träumte, das die meisten so genannten Intellektuellen meiner Provinz, die *Akowe*, ausgebildet hatte.
Meine verständliche Motivation, immer höher und
schneller in der Schule voranzukommen, mag keine
Rolle für meine Entscheidung gespielt haben, mich für
die Aufnahmeprüfung dieses begehrten, aber vom Wohnort meiner Großeltern weit entfernten Gymnasiums zu
melden.

Ich will denken, dass das Verhalten meiner
Stiefmutter mir gegenüber - der Nebenfrau meines Va-
ters, der Cleopatra, deren junger Charme, Liebreiz und
Schönheit meinen Vater in die Polygamie trieben, ob-
wohl er katholisch war - keine große Rolle bei dieser
Entscheidung gespielt hatte.

Dass meine Stiefmutter allerlei Tricks eingesetzt
hatte, damit das Vertrauen und die versteckte kindliche
Liebe, die ich für meinen Vater mittlerweile entwickelt
hatte, verschwand, das mag keine Rolle in meiner Entscheidung gespielt haben. Dass sie es geschafft hatte,
den Stolz auf meine schulischen Leistungen und auf
mein Verhalten überhaupt, den die Augen meines

Vaters ausstrahlten, sinken zu lassen, damit das heimliche Einverständnis, das zwischen Vater und mir nun herrschte, zugunsten ihrer eigenen Töchter wich. Das alles mag mein Fernweh nicht verschärft haben.

Ich bin bereit zu glauben, dass die drei mühsamen und höchsterfolgreichen Jahre, die ich in diesem *Bouke*-Gymnasium, dieser Kaderschmiede par excellence, verbracht hatte, nicht dazu beigetragen hatten, dass ich mein Abitur auf Anhieb bestand - diese Abschlussprüfung, die für die meisten von uns damals eine Gedenkfeier geworden war, die jedes Jahr erfolglos zelebriert werden musste. Ich will annehmen, dass mein Bestehen dieser Prüfung mit einer Eins, der begehrten *Mention très bien*, die Entscheidung der zuständigen Behörden auf keinerlei Art und Weise beeinflusst hatte, damit mir ein Stipendium fürs Wirtschaftsstudium in Deutschland gewährt wurde.

Ich will denken, dass dieses sehr willkommene Stipendium mir gleich war, als ich sowohl meine Geliebte Laadi als auch meine von meiner Oma kurz vor ihrem Tod und ohne meine Zustimmung auserwählte Verlobte Assiou abservieren musste, weil mir klar war, dass ich nicht vor fünf Jahren zurückkommen würde und dass mein quasi fast vorprogrammierter Harem somit ein aussichtsloser Hauch von Abenteuer sein sollte, in diesem Land der Vielweiberei, wo der Brautpreis - der Kopfpreis von Frauen - angesichts der offenen und manchmal unfairen Konkurrenz zwischen Männern

29

aller Generationen immer höher getrieben war. Wie es auch sein mag, vielleicht hatten das Stipendium und das Studium mit meiner rücksichtslosen und kaltblütigen Entscheidung gar nichts zu tun.

Aber, Barka, glaubst du selbst, dass die Natur gerecht und fair wäre, wenn ich mir damals so viel Mühe gegeben hätte, damit ich bei meinem Opa aufwachse, und er mir dann nicht helfen würde, wenn er hier wäre und ich in unlösbaren Schwierigkeiten stecke und, auf gut Deutsch „vor Dreck starre"?

Diese Formulierung verstand ich als rhetorische Frage, also schwieg ich und wartete darauf, dass mein Gegenüber entweder weitersprach oder eine richtige Frage formulierte. Da allerdings auch Jakubu schwieg, als würde er tatsächlich von mir eine Antwort erwarten, beschloss ich etwas zu unternehmen. Ich berührte den silbernen Ring, den er auf dem linken Ringfinger trug und sagte:

„Schöner Ring!"

Meine Absicht war eigentlich, die trüben Gedanken meines Freundes auf eine andere Idee, auf ein anderes Thema, zu lenken. Insbesondere wollte ich, dass er über seine eigene Familie sprach. Warum sprach er denn nicht von seiner jetzigen Situation? Das waren die Fragen, die ich mir innerlich stellte in der Hoffnung, dass er meinen billigen Psychotrick entdeckte und mir sagte: „Netter Versuch, ich weiß, dass du darauf brennst, etwas über meine Ehe zu erfahren". Doch sowas kam nicht von seiner Seite. Ich verstand, dass ich jetzt etwas sagen musste, um das Gespräch am Laufen zu halten. Also sagte ich:

„Jakob, was ist los? Warum sprichst du nicht mehr?"

„Weil ich Jakubu heiße und nicht etwa Johannes der Täufer, die Stimme, die in der Wüste ruft. Ich spreche nur, wenn ich einen Gesprächsteilnehmer habe. Du weißt nicht mal, worüber ich bisher gesprochen habe."

„Natürlich weiß ich das. Ich wollte dich nur nicht unterbrechen. Du sprachst gerade von deinen damaligen Freundinnen und wolltest gerade von deiner Frau sprechen. Natürlich höre ich dir zu."

Das mit seiner Frau war natürlich gelogen. Ich wollte meinen Gesprächspartner nur auf dieses Thema bringen. Entweder hatte er mir gar nicht zugehört oder er wollte mir diesen Gefallen nicht tun. Denn anstatt von seiner Familie in Deutschland zu reden, erzählte er weiter über das Märchen mit dem Scharlatan, das mir mittlerweile peinlich war:

„Ich bin bereit, die Prophezeiung des erfreulicherweise niemals mehr aufgetauchten, namenlosen und unbekannten Scharlatans zu akzeptieren. Aber bei aller Hochachtung vor eurem Glauben und vor unserer Tradition kann ich mir beim besten Willen nicht vorstellen, dass sich mein Opa in irgendeiner Form irgendwo hier im Wind, in der Natur, im kalten Winter herumtreiben könnte. Ich kenne doch meinen Opa. Angenommen, er wäre tatsächlich nach seinem Tod in einer europäischen Gestalt wiedergeboren, sagen wir vorsichtig wie Nietzsche, in eine „blonde Herrenbestie", in einem Weihnachtsbaum, in einem Schäferhund oder in einem Dobermann, so wäre er längst von hier weg, um seine Lebensgefährtin nach deren Tod ausfindig zu machen. So unzertrennbar waren die beiden. Ich kenne doch meine Großeltern.

Wie auch immer, ich weiß nur eins: Mein Großvater ist nicht hier in Ommersheim. Der einzige Großvater, den es hier in Deutschland gibt, ist Opa Wagner, der Großpapa meiner Kinder, der Vater von Uta, mein Schwiegervater. Und der kann mir in meiner Ehekrise auch nicht helfen. Er darf nicht. So läuft es hier. Hier kommt der Herkules nie vorbei. Hier muss jeder Mensch seinen Augiasstall selbst reinigen. Auch hier wird die schmutzige Wäsche in der Familie gewaschen, allerdings ausschließlich in der Familie und nicht etwa in der Großfamilie. Egal wie lieb Opa Wagner seine Tochter hat, egal wie verständnisvoll er mir gegenüber ist, er darf nicht in meine Ehe eingreifen. Das nennt man hier Privatleben. Und das ist auch gut so. Denn er war auch nicht da, als ich mich mit Uta das erste Mal getroffen hatte. Als wir uns liebten, da waren weder Opa noch Oma, noch Vater, noch Mutter, noch Geschwister, noch

Verwandte dabei. Soll ich Dir unsere kurze Liebesgeschichte erzählen?"

Bevor ich auf diese Frage antwortete, musste ich nachdenken, weil ich nicht wollte, dass mein Freund die erwähnte Ehekrise erläuterte. Ich war mir nicht sicher, ob ich ihm helfen konnte. Es war mir klar, dass unsere Tricks der Großfamilie, auf die Jakubu offensichtlich anspielte, hier nicht funktionieren würden: Diese Alibis in Richtung „bleibt zusammen wegen der Kinder" oder „unsere Familien wollen, dass wir weiterhin verheiratet bleiben" oder „ihr seid schon zu alt, um euch eine Scheidung zu leisten" usw. - alle diese Ausreden waren hier, in dieser Gesellschaft und in diesem Zeitalter der individuellen Selbstverwirklichung, inadäquat. Das wusste ich. Deswegen überlegte ich mir eine diplomatische Formulierung:

„Ja, wenn du das nicht zu privat findest", antwortete ich ganz schnell. „Darauf habe ich die ganze Zeit gewartet. Es interessiert mich sehr, über deine Frau und über eure Liebesgeschichte zu erfahren. Wie habt ihr euch kennen gelernt?"

- „Eigentlich gibt es nichts Interessantes zu erzählen. Unsere Liebe fing mit großer Intensität an, aber auch ganz einfach, mit mehr Bescheidenheit als Ansprüchen, wie jede Beziehung, die in einer Diskothek anfängt. Ja, ok, nun ist das Wort schon gefallen. Wir haben uns bei einem meiner seltenen Discobesuche getroffen.

Eigentlich bin ich nie Nachtschwärmer gewesen, aber an dem besagten Tag konnte ich der Versuchung nicht widerstehen. Damals wohnte ich in einem Studentenwohnheim. Es war Weihnachtszeit. Je näher der Heiligabend kam, desto leerer wurde unser Heim. Ich hatte vorher irgendwo gelesen, dass dieser Abend auch als Familienabend gefeiert wird. Auch ich hatte mir gar keine Sorgen darüber gemacht, weil ich immer wieder nach Hause geflogen war, um dort Weihnachten und Neujahr zu feiern.

Dieses Mal entschied ich allerdings, hier zu bleiben. Ich hatte freilich nicht damit gerechnet, dass alle Hausgenossen diesen Abend in ihren Familien feiern wollten. Die anderen ausländischen Freunde, die diese Erfahrung schon gemacht hatten, hatten sich jeweils eine Gastfamilie ausgesucht, bei der sie Heiligabend verbrachten. So musste ich ihn allein im vierstöckigen Gebäude verbringen: keine Familie, kein Fest, keine geschmückte Umgebung, kein Weihnachtsbaum, keine Wünsche, keine Krippe, kein Geschenk vom Weihnachtsmann, keine Weihnachtsgans. Draußen war ohnehin niemand zu treffen. Da ich nicht einmal daran gedacht hatte, eine CD mit Weihnachtsliedern zu kaufen, war der Traum vom Christfest ausgeträumt. Ich musste mich nämlich damit begnügen, mir den Kaktus minutenlang anzuschauen, den ich auf dem Weihnachtsmarkt erworben hatte, wodurch mich der Schlaf ganz schnell überfiel. Die ganze feierliche Stimmung hatte ich somit verpasst. Immerhin konnte ich weihnachtlich schlafen, ganz tief, ungestört, ohne Alptraum, ein wohltuender Schlaf.

Am Ersten Weihnachtsfeiertag wollte ich auf keinen Fall dieselbe Erfahrung machen. Deswegen beschloss ich, in die Disco zu gehen. Ich denke, das war sogar das erste und einzige Mal überhaupt, dass ich hier in der Disco gewesen bin und, wie Uta mir später erzählte, war dies auch bei ihr der Fall. Ich dachte, ich hätte sie zuerst bemerkt, als sie unter vielen anderen Frauen in die Disco eintrat. Doch wie ich später von Uta erfuhr, soll ich ihre Aufmerksamkeit schon vor dem Eingang zur Disco auf mich gelenkt haben. Ist es nicht das, was man zuverlässig als Liebe auf den ersten Blick bezeichnet? Jedenfalls genügten ein „Hallo, ich heiße Jakubu" und ein „Ich bin die Uta", um uns näher zu bringen, inmitten von schrillem Tohuwabohu, lautem Blabla, mächtigem Geschrei, aggressiven Schimpfereien, Dutzenden von Dezibel usw. Die für uns beide ungewöhnliche Discostimmung hatte es nicht geschafft, unseren Flirt, unsere Annäherungsversuche, unseren gemeinsamen zögernden und zaghaften Tanz, das Austauschen von Telefonnummern und die schmerzhafte, aber höfliche Verabschiedung zu stören. Am folgenden Tag mussten sich unsere jeweiligen Telefongesellschaften und Handyanbieter auf unsere Kosten gefreut haben, so oft waren wir ans Telefon. Obwohl es Sonntag war, vereinbarten wir doch endlich ein Treffen in einem noch offenen Café; so verrückt und voneinander angezogen fühlten wir uns. Den Rest des Abends verbrachten wir dann bei Uta.

Ach! Da du mich schon vor dem Erzählen des Privatlebens gewarnt hattest, fängt es jetzt aber an, privat zu werden und ich höre hier auf.

Auf jeden Fall dauerten unser Flirtabenteuer, unsere Freundschaft, unsere Affäre, unsere Beziehung, unsere Liebe kaum drei Monate. Kaum hatte das Liebesglück angefangen, uns zuzulachen, erfuhren wir, dass wir enger miteinander verbunden waren, als wir dachten: Uta war schwanger und sie wollte das Kind behalten. Wie es mit mir aussah? Wurde ich nicht mit dem wunderlichen Gedanken erzogen, ein Kind zur Welt zu bringen, sei die Seligkeit auf Erden? Ich war nur ein armer Student, na und? Sagte man nicht: *„Gott pflanzt Getreide in jeden Mund, den er meistert?“*. Warum soll ausgerechnet mein Kind nichts zu essen bekommen?

Ich war nicht nur mit der Entscheidung von Uta einverstanden, das Baby nicht abzutreiben, sondern ich war auch entschlossen, alles zu tun, damit das Kind nicht unehelich zur Welt kam. Ich hatte keine andere Wahl. Ich fürchtete, dass mein Kind zur Welt kommen würde, bevor wir heirateten. Ich war damals ganz frisch aus Afrika gekommen. Du weißt selber, was es bei uns bedeutet, ein uneheliches Kind zu sein: eine Missgeburt, ein Bastard. Das wollte ich meinem Kind unbedingt ersparen. Ich war naiv und dumm.

Meine Hochzeit war ein Fehler. Wir hatten alles in einem Monat geplant, von der Liebe über die Verlobung und die Hochzeit im Standesamt bis über die kirchliche Trauung hinaus, wobei die Flitterwochen kaum eine Woche dauerten. Es war ein Notfall und ich hatte keine Zeit, meiner Jugend nachzutrauern. Da die Formalitäten in Saarbrücken schwieriger zu sein schienen, waren wir nach Ommersheim umgezogen und hatten dort geheiratet. Alles war so schnell geschehen, dass ich vergessen hatte oder besser gesagt: Ich war nicht geistesgegenwärtig genug gewesen, meine Freunde einzuladen oder sie zumindest zu informieren. Ich glaube, ich wollte es im Grunde auch nicht. Ich weiß nicht, warum ich es vermieden hatte. Am Tag meiner Hochzeit war ich unglücklich. Alles geschah ohne große Feierlichkeiten: ohne Brautraub, ohne richtigen Brautwagen, ohne Brautstrauß, ohne Brautgeschenk, ohne Brautkranz. Viele Freunde von Uta waren da. Alle waren mir unbekannt. Ich war fremd in meinem eigenen Haus. Noch mehr, ich war der einzige Schwarze in einer Gruppe von mehr als dreißig Personen.

Mein Trauzeuge, so sollte ich später erfahren, war ein Ex-Freund meiner Frau. Ich konnte nichts tun. Ich hatte keine Wahl, ich verstand sowieso wenig vom Ganzen, ich wollte nur den Skandal vermeiden. Ich war damals noch Student und wurde durch die heftige

Neuigkeit in Angst und Schrecken versetzt. Ja. Ich hatte Angst davor, dass Uta Klage gegen mich erheben könnte und fürchtete Schwierigkeiten zu bekommen. Unter diesen Umständen hatte ich geheiratet. Unter diesen Umständen verkaufte ich mich und meine damalige Idealvorstellung vom Leben. Ich musste auf alles verzichten, sogar auf mein Heimatland, weil ich auf keinen Fall zurückkehren wollte, ohne mein Studium abgeschlossen zu haben. Ich hatte meine eigene Familie vergessen müssen, weil ich nicht sagen wollte, dass ich verheiratet war. Ich hatte mein Stipendium verloren, weil ich während der Ferien nicht nach Hause geflogen war, um es erneut zu beantragen. Du weißt, dass dies die einzige Bedingung war. Aber ich konnte nicht anders. Ich konnte nicht nach Hause fliegen, ohne dass meine Familie Bescheid wusste. Ich konnte meine Familie nicht besuchen, ohne ihr von meiner neuen Situation zu berichten, ohne von diesem Kind zu erzählen, das mich bald zum glücklichen Vater machen sollte, und ohne zu verraten, dass ich hier von Amors Pfeil getroffen wurde. Und selbst wenn ich das Ganze hätte geheim halten können, so hätte ich doch damit die Behörden, meine Familie, meine Verwandten, meine Freunde angelogen.

So hatte ich den Kontakt zu den Meinen verloren und versuchte, meine Vergangenheit zu vergessen. Hoffentlich ... hoffentlich haben die Meinen, meine Familie, meine Freunde, meine Verwandten ... mich nicht für tot erklärt und meine Bestattung organisiert. Aber auch das spielt keine Rolle mehr. Denn ich bin nicht mehr Jakubu Tschinku! Ich war. Ja, ja ... nein! Ein Teil von mir ist tot. Den gibt es nicht mehr. Der zweite Teil jedoch verlangt ständig den verstorbenen Teil von mir. Deswegen bin ich immer unentschlossen. Ich existiere nicht mehr. Nicht mehr ganz. Ich kann keine Entscheidung treffen, weil ich nicht mehr alle beisammenhabe. Ich habe nicht mehr alle Tassen im Schrank. Viele sind dortgeblieben, zu Hause, in Afrika. Ich kann atmen, aber ich fühle, dass eine Herzkammer zu Hause geblieben ist. Da, die linke. Mein Blut! Das läuft nur teilweise in meinem Körper. Nur im rechten Teil. Hier, fass mal an! Alle Organe auf der linken Seite, sie funktionieren nicht. Ich kann gut und richtig hören, aber ich habe den Eindruck, als fehle mir ein Gehörorgan. Auch meine Augen sehen gut. Ich sehe aber kaum. Das eine Auge, das linke da, weigert sich zu sehen. Das ist einfach in der Vergangenheit geblieben. Das sieht nur das, was damals war. Meine Kindheit, meine Schulzeit, die schöne Gymnasialzeit. Ja, es will einfach nicht die Gegenwart sehen. Auch das linke Bein und der linke Arm sind wie gelähmt, obwohl ich gut gehe und mich ohne Schwierigkeiten bewegen kann. Ich fühle es einfach. Ich bin gesund, doch sie lehnen es einfach ab, meinem Willen zu gehorchen. Ich gelte deshalb als arbeitsunfähig.

Es ist mir niemals gelungen meine Arbeitsgeber von meiner Leistung zu überzeugen. Die haben mir immer gesagt: „Herr Tschinku, ich denke, Sie wollen gar nicht arbeiten". Das stimmt aber nicht. Ich will arbeiten, aber es geht einfach nicht. Ich bin wie ein Kind. Nein, habe ich Kind gesagt? Ich beschönige noch. Ich bin nur ein Ding. Ich erwarte jeden Tag, dass die gute Uta mir sagt: „Jakubu, tue dies! Jakubu, tue das! Steh auf! Wasche die Kinder! Geh einkaufen! Ja, ich bin ein Ding. Ich kann kaum noch denken. Ich mache nichts aus eigenem Antrieb. Auch essen tue ich nicht, wenn ich allein bin. Nur rauchen. Hast du gesehen, wie ich hier gegessen habe? Es ist so, als ob alle meine Kräfte wieder da wären, weil ich hier bin. Hier, bei dir.

Es gibt etwas in dir, was mich lebendig macht. Es gibt in dir etwas, das ich brauche, etwas, was mir fehlt. Den zweiten Teil von mir finde ich hier bei dir. Ich habe Angst davor, dass ich in meinen leblosen Zustand zurückfalle, wenn ich von hier weggehe. Aber gleichzeitig habe ich es eilig, nach Hause zu fahren. Ja, sie fehlen mir schon, meine Kinder. Ich will meine Kleinen sehen, ich will sie umarmen, ihnen dienen. Ich vermisse sie schon. Ja, ich vermisse ihre Wünsche, sie sind für mich wie Befehle. Doch ich bemitleide sie auch. Ich bin alles, was sie besitzen. Aber sie wissen es nicht. Sie haben kein Zuhause, aber sie ahnen es nicht. Guck mal! Ich, ich bin Afrikaner und Uta ist Europäerin. Aber die beiden, sie haben kein Zuhause, die Unschuldigen. Ich bin ihr Kontinent, aber sie ahnen es noch nicht. Sie sind wie Fledermäuse. Erinnerst du dich an das Märchen, das unser Biologielehrer immer wieder erzählt hat?

Es handelte von einem Krieg zwischen Vögeln und Säugetieren. Doch die armen Fledermäuse wussten nicht, zu wem sie gehörten. So standen sie in der Mitte vom Schlachtfeld und bekamen Pfeile von beiden Kontrahenten ab. Kennst du noch diesen Spruch aus dem Volksmund? Er lautet ungefähr so: „*Ein Kind mit mehreren Familien ist sicherlich zum Tode verurteilt. Entweder es stirbt vom Hunger oder es stirbt von zu viel Essen.*" Meine Süßen werden vor Hunger sterben. Denn niemand will sie haben, niemand außer mir. Ich bin ihr Kontinent, die Unschuldigen.

Ich weiß aber selber nicht, ob ich etwas für sie tun kann. Ich weiß nicht, was ich kann, was ich bin, was ich will, wo ich bleiben und wohin ich gehen soll. Eines weiß ich aber: Ich weiß sehr wohl noch, woher ich komme. Aus Afrika, aus Pabegou. Ich bin ein Tschinku, Sohn des Regens. Einer von denen, die jeden Morgen weder vom Kikeriki des Hahns noch vom Rappeln des Weckers aufgeweckt werden, sondern vom Gehörkitzel durch den Lobsänger, den *Griot*. Das weiß ich noch. Aber ich will dorthin nicht mehr zurückkehren. Ich bleibe hier. Hier bin ich zu Hause. Ich bin ein Deutscher. Nein, ein Teil von mir ist deutsch. Ich mag diesen Teil nicht, ich hasse mich. Aber ich bleibe hier, ich bin hier zu Hause.

Weißt du? Ich heiße jetzt Jakubu Benedikt Tschinku Wagner. Den Nachnamen Wagner habe ich mit meiner Hochzeit erworben. Ich hätte meine Namen

41

behalten können, wie der Bürgermeister von Ommersheim mir erklärte. Uta meinte aber, es sei schon schlimm genug für unsere Kinder, dass sie einen schwarzen Vater haben. Wir sollten ihnen mindestens die Möglichkeit der Wahl geben, ob sie später meinen oder ihren Nachnamen tragen wollen. So kamen wir zu diesem Kompromiss.

Uta hatte Recht gehabt. Denn heutzutage werden Leute schon dann nicht zum Vorstellungsgespräch eingeladen, wenn allein ihr Name auf eine ausländische Herkunft hindeutet. Ein Mitbürger türkischer Herkunft sagte mir, er fände die Entscheidung gut, dass meine Kinder Wagner hießen. Auf jeden Fall freue ich mich auch darüber.

Meine afrikanischen Wurzeln habe ich aber begraben müssen. Mein Afrika war damals auf die einzigen schwarzen Freunde beschränkt, die hier wohnten und denen ich gelegentlich auf dem Campus begegnete. Auch von ihnen hatte ich mich allmählich distanzieren müssen, weil ich meine Traumwelt und meine Träumereien mit ihnen nicht teilen wollte.

& & &
Familie Tschinku Wagner

A m Ende des Semesters fiel die Entscheidung, die mich ganz und gar von allen Freunden trennen sollte. Uta hatte versprochen, mich zu unterstützen, bis ich mit meinem Studium fertig war. Je weiter die Schwangerschaft sich entwickelte, desto weniger konnte die Arme aber zur Arbeit gehen. Was mich anging, hatte ich nichts anderes zu tun, als meine Frau, meine liebe Uta aufzumuntern, als wäre ich auch schon einmal schwanger gewesen. Wenn sie gestresst oder schlecht gelaunt war, verwandelte ich mich wie auf Knopfdruck in einen richtigen Lobsänger. Ich versuchte ganz brav, Märchen, erfundene und wahre Geschichten, Gesänge, Volkslieder, Gedichte, Chansons, Witze und so weiter zu erzählen, um uns das gemeinsame Leben lebendiger zu machen.

Jedes Wochenende war für uns dieselbe Routine. Ich musste früh aufstehen und für uns Kaffee vorbereiten, den ich ihr ans Bett brachte. Wir tranken zusammen. Ich mochte es eigentlich gar nicht, etwas zu trinken oder zu essen, bevor ich überhaupt gebadet und die Zähne geputzt hatte. Aber ich musste mich daran gewöhnen. Ich hatte keine Wahl. Denn Uta mochte es so und war den ganzen Tag glücklich, wenn ich mit ihr am Bett gefrühstückt hatte. Nach dem Frühstück blieben wir noch im Bett. Für Uta war es leichter als für mich. Sie war daran gewohnt, sich zu langweilen und hatte ohnehin eine Faulenzernatur. Obendrein kam dazu, dass sie schwanger war. Du kennst noch den Spruch: „*Der Wind ist immer willkommen für einen Vogel, der sowieso fliegen wollte*".

Uta lag also den ganzen Vormittag im Bett und ich musste meistens dabei liegen. Natürlich war das Kochen auch Männersache. Ich war die männliche Küchenfee im Haus. Du weißt selbst, dass ich damals schon gern gekocht habe. Aber diesmal blieb mir definitiv nichts andere übrig. Anstatt meine schwangere Frau vor Hunger sterben zu lassen, musste ich meinen Machoreflexen ein für alle Mal Einhalt gebieten. Außerdem war das Kochen für mich eine gute Abwechslung, wenn ich es satthatte, den guten Ehemann zu spielen. Indem ich meine Frau mit kalkulierten Küssen verwöhnte, verdrängte ich das alltägliche „mir tut dies oder das weh", „mir ist schlecht", „mir ist übel" und so weiter.

Leider war meine Flucht in die Küchenangelegenheiten auch nicht die richtige Lösung, da Uta extra einen Hocker in der Küche installieren ließ, um mich beim Kochen zu beobachten und mich ständig mit „Schatz, bitte nicht zu scharf", oder „Liebling, bitte nicht so viel Fett" anzupöbeln. Am Anfang ging mir das ganze Theater auf die Nerven und ich reagierte mit „Wenn du schon weißt, wie es geht, dann koch doch selbst!". Aber ich verstand ganz schnell, dass ich unser Zusammenleben mit meinen gereizten Nerven nicht angenehmer machte. Und so gewöhnte ich es mir an, Uta einfach immer zu zeigen welche Gewürze ich in welcher Menge benutzte, bevor ich sie in den Topf einwarf.

Die ganze Situation war mir nur peinlich, weil es nach der Geburt von Conny genauso weiter ging. Auch wenn ich von der Arbeit kam und Uta zu Hause war, hatte sie bereits auf mich gewartet, damit ich uns bekochte. Meistens hieß es: „Schatz, willst du ein belegtes Brötchen essen, bevor du kochst?". Diese Frage nervte mich auch, aber ich hatte mich nicht beschwert. Ich hatte ihr nicht gesagt, dass ich die guten Brötchen bei der Arbeit aß und die von zu Hause nicht runter bekam. Ich hatte das nicht gesagt, seit sie mich zu Beginn ihrer Schwangerschaft danach fragte. Und da ich mich damit begnügt hatte, immer nur „nein" zu sagen, ist diese Frage längst auch zur Gewohnheit geworden. „*Gewohnheiten sind wie eine zweite Natur*", das wusste ich.

Apropos Gewohnheiten: weißt du, dass ich heute noch meinen Reis ganzschön sauber wasche, bevor ich ihn koche? Stell dir vor, ich nehme mir schön Zeit, um meinen teuren *Basmati-Reis* aus dem Pandschab oder meinen *Riz parfumé* auszusuchen, und trotzdem kann ich vor dem Kochen nicht vermeiden, das ganze Aroma wegzuwaschen. Meine Frau fragt natürlich immer: „Warum kaufen wir eigentlich diesen teuren Reis, wenn du sowieso den Beigeschmack wegwäschst?". Aber die ganze Operation läuft bei mir im Unterbewusstsein. Sobald ich mit dem Reiskochen anfange, gellen mir die Worte meiner Oma im Gehirn, wie ein kategorischer Imperativ. Jedes Mal, wenn Oma ihren mit allerlei Steinsorten versetzten Bergreis kochen wollte, hatte sie ihn nicht nur stundenlang aussortieren, reinigen und waschen müssen, sondern auch immer wieder laut hörbar und eindringlich über die Lebensgefahr berichtet, die man eingeht, wenn man den ungewaschenen Reis isst. Obwohl sie im Grunde sehr wenig Ahnung vom Verdauungsapparat hatte - das Wort Appendizitis bedeutete bei ihr gewiss genauso viel wie Penizillin oder Aspirin - hatte Oma ständig und unermüdlich darauf hingewiesen, dass der Reis nie sauber genug sein konnte und dass man auf das Waschen nie verzichten sollte.

Mein Freund, das war nur eine Klammer über die Macht der Gewohnheiten. Aber kommen wir zu meinen belegten Brötchen zurück. Nicht nur weil Gewohnheiten eine zweite Natur sind, sondern auch weil die „*Wiederholung pädagogisch ist*", hatte ich zugegebenermaßen ab und zu doch mein belegtes Brötchen gegessen. Und zwar wenn ich sehr hungrig von der Arbeit zurückkam. Wenn ich ehrlich bin muss ich zugeben, dass ich am Anfang sogar froh über das belegte Brötchen war. Auch wenn es fast immer gleich belegt war. Und wenn meine schwangere Frau bei meiner Rückkehr von der Arbeit nachfragte, ob ich noch ein Butterbrot wollte, war ich von ihrer Fürsorge berührt. Mussten manche meiner Kollegen, besonders die, die noch gattenlos waren, in der Kantine nicht jedes Mal Geld für genau dieselben belegten Brötchen ausgeben? Es waren wirklich dieselben Brötchen, die ich von meiner Frau bekam. Belegt mit Lyoner, Bierwurst, Fleischwurst, Fleischkäse, Käse, oder Salami, oder Frikadelle – je nachdem.

Ich schätzte mich somit eigentlich glücklicher als die anderen, die dieselben Brötchen für teures Geld in der Kantine kauften, die ich stattdessen einfach in meiner Arbeitstasche fand, ohne mir darüber Sorgen zu machen, wie sie dort gelandet waren. Die Frage, ob ich noch ein belegtes Brot wollte, wurde allerdings auf die Dauer sinnlos, da ich sie ohnehin sehr selten bejaht hatte.

Aber Barka, hab' keine Angst. Uta ist nicht mehr so. Jetzt kann sie gut kochen und tut es auch gern. Wenn du zu uns kommst, wird sie dich bestimmt mit ihrer Kochkunst begeistern. Manchmal überrascht sie mich sogar mit unseren Spezialitäten.

Uta hat mit dem Kochen angefangen, als ich eine Zeit lang krank war und für zwei Wochen ins evangelische Krankenhaus aufgenommen wurde. Ich wurde wegen eines Leistenbruchs operiert. *Apropos* Krankenhaus, das war das erste und bis jetzt überhaupt das einzige Mal, das ich beim Arzt war. Und wie es so schön bekannt ist, lernt man nie aus. Auch in meiner Lage als

Patient musste ich unsere guten Manieren lernen. Ich hatte vorher zum Beispiel gar nicht gewusst, dass man einen Termin vereinbaren muss, bevor man zum Arzt geht. An dem besagten Tag war ich jedenfalls allein zu Hause. Uta war mit den Kindern auf einer Kinderparty, bei *Burger King*. Gott weiß, wie viele Mal ich meine Frau oder die Kinder zum Arzt gebracht hatte. Stell dir vor, Uta hat immer vorher angerufen, um Termin zu vereinbaren, und dein Afrikaner hat das nie mitbekommen.

Jedenfalls war ich diesmal allein zu Hause, als ich mich plötzlich schwach fühlte. Irgendwas hinderte mich daran, normal zu laufen. Ich zog mich aus und merkte, dass der Körperteil zwischen Oberschenkel und Bauch irgendwie geschwollen war. Ohne zu zögern fuhr ich direkt zu unserem Hausarzt. Als ich da ankam, fragte mich die Arzthelferin natürlich, ob ich Termin hatte. Und ich konnte meinen Ohren nicht glauben.

Ich: „Ich sagte gerade, ich bin krank und muss den Arzt sehen."

Sie: „Ja, ich habe gehört. Aber Sie sollten immer zuerst anrufen, um einen Termin zu vereinbaren."

In dem Moment fing ich an, die Geduld zu verlieren.

Ich: „Hören Sie zu, ich habe ja auch keinen Termin mit der Krankheit vereinbart. Wie kann ich denn vorher wissen, dass ich heute krank

	sein werde und vorher einen Termin verein-baren?"
Sie:	„Herr ...? Wie ist ihr Name, noch einmal?"
Ich:	„Tschinku, T-s-c-h-i-n-k-u."
Sie:	„Ja, Herr Tschinku. Wie Sie sehen, klingt ihr Name für uns ganz anders. Ich hoffe, sie sind mir deswegen nicht böse."
Ich:	„Nein."
Sie:	„Okay, was ich sagen wollte: es ist nicht schlimm. Sie müssen nur ein bisschen war-ten."

„Warten? Das ist sowieso der tägliche Lorbeer eines Afrikaners, dachte ich. Dafür könnte ich ganz locker die goldene Medaille bekommen". Ich war entschlossen, gute Miene zum bösen Spiel zu machen und auf keinen Fall die Nerven zu verlieren.

Im Warteraum angekommen hatte ich allerdings meine Geduld auf die Probe stellen müssen. Ohne zu wissen, was auf mich zukommen sollte, saß ich geschlagene zwei Stunden lang auf glühenden Kohlen und schmökerte durch alle Prospekte und Kataloge des Allgemeinarztes. Ich las alle Lebensmottos, Bildstreifen und Witze, die aufs Papier gedruckt und an der Wand geklebt waren, um meine sich immer steigernde

Nervosität zu verstecken. Ich blätterte durch Modezeitschriften, Comichefte, Boulevardpresse, Tageszeitungen, Wochenmagazine, um dadurch die Langeweile zu bekämpfen. Ich zählte alle Patienten auf, die kamen, und ohne zu warten zum Arzt gingen und entweder glücklich oder mit einem angsterfüllten Blick wieder rauskamen. Endlich durfte ich das Lächeln der Arzthelferin sehen, die mich bat, in den Untersuchungsraum einzutreten. Ich brauchte mich dann nur auszuziehen, und schon diagnostizierte der Arzt einen „Leistenbruch":

- Sie haben Glück, dass Sie direkt zu mir gekommen sind. Waren Sie bei der Arbeit? Haben Sie schweres Material gehoben? Hätten Sie so weitergearbeitet oder wären Sie noch lange gelaufen, hätte es sein können, dass die hügelartige Beule die Sie hier sehen, aufgeplatzt wäre. Das wäre dann deutlich komplizierter. Ich werde Sie sofort ans Krankenhaus verweisen. Ich gehe davon aus, dass der Spezialist vor Ort Sie sofort operieren wird.

Das Wort, das ich so gefürchtet hatte, war gefallen: Operation. Und ob ich gelaufen war? Natürlich war ich bis zur Bushaltestelle und wieder von der Bushaltestelle bis in die Klinik gelaufen. Ich weiß nicht, ob die ganze Angstmacherei meines Hausarztes nur dazu diente, mich für die Operation vorzubereiten und meine Krankenkasse zum Trauern zu bringen. Jedenfalls waren nicht nur diese beiden Ziele erreicht, sondern auch ich war nun ausdrücklich darüber belehrt, dass ein

Familienvater - auch wenn er Tschinku heißt - in diesem Land einen Führerschein besitzen musste. Denn nachdem ich sehr teuer für das Taxi bezahlt hatte das mich zum Krankenhaus fuhr, war ich entschlossen, in die Fahrschule zu gehen, wenn alles vorbei war. Und das tat ich auch, sobald ich aus dem Krankenhaus entlassen wurde.

Das war also der Tag, an dem ich lernen musste, dass ich sowohl einen Termin mit der Krankheit und dann einen mit dem Arzt vereinbaren musste, wenn ich überhaupt krank sein wollte. Das war der Tag, an dem meine Frau lernen musste, dass das Wort „Handy" die umgangssprachliche Form von „Mobiltelefon" war und deswegen so genannt wurde, weil man es immer mitschleppen musste, um überall erreichbar zu sein. Da das kleine Gerät aber stattdessen ausgerechnet an diesem Tag ins Autotelefon verwandelt wurde, musste ich ganz geduldig darauf warten, dass Uta nach Hause zurückkam, bevor sie darüber informiert wurde, dass ihr Mann voll narkotisiert auf einem Operationstisch wie ein Stück Fleisch lag, nachdem er zwei Liter Wasser in einer Stunde trinken musste, damit sein Blut dünner wurde.

Das war der Tag, an dem Uta erfahren musste, dass die großen, imposanten Krankenhäuser schwächer als die immer winzigeren und leicht zerbrechlichen Handygeräte waren und deswegen die Priorität genossen, genauso wie die Fußgänger auf den Zebrastreifen das Vorzugsrecht vor den Autos besaßen. Nachdem sie meine verpassten Anrufe bemerkt hatte, hatte sie mehrere Male erfolglos versucht, mich zu erreichen und musste jedes Mal vollbremsen, wenn Fußgänger vorbeigingen, die es mindestens genauso eilig wie meine Chirurgen hatten.

Ehe Uta im Krankenhaus eintraf, war ich schon operiert und lag im Bett. So groggy wie nach einem Kampf. Ich war von der Narkose noch nicht ganz wach, als ich meine Frau und meine Kinder sehen durfte. Während einem ihrer täglichen Besuche im Krankenhaus kam Uta einmal mit einem Teller *Riz au gras* als gelungene Überraschung vorbei. Mittlerweile muss ich um meine Rechte als Küchenchef kämpfen, bevor sie mich kochen lässt. Unsere Kochstunden waren doch nicht umsonst. Glaubst du nicht, Barka?"

Diesmal konnte und wollte ich etwas sagen. Ich fühlte, dass ich unbedingt in meine Rolle als Kultusminister einsteigen musste, damit unsere Unterhaltung weniger privat wird. So sagte ich sprunghaft und mit dem ganzen Ernst:

- „Mein Freund, es gibt Geschichten, auf die wir oft zugreifen, wenn es darum geht, Angst einzujagen und dadurch Respekt zu predigen: Respekt vor den Älteren, vor der Tradition und der Vergangenheit oder vor der vorgeschriebenen Zukunft, wie in deinem Fall. Ich gebe dir ein Beispiel. Jahrhundertelang hatte man es in

52

mündlichen Überlieferungen meines Sprachgebietes geschafft, die Untreue in der Ehe mit Hilfe einer einzigen Legende zu bekämpfen. Es ist nicht meine Ansicht, dir Angst einzujagen. Aber ich erzähle sie trotzdem, damit du siehst, welche Macht das kollektive Gedächtnis gerade in den Fragen der Moral und Ethik spielen kann. Du kannst meine Erzählung eine Schöpfungslegende nennen, wenn du möchtest. So etwa spricht der *Griot*, der Lobsänger, der Bewahrer der mündlichen Überlieferung unserer Tradition.":

Der Große Gott, der Gott aller Götter, des Gottes der Meere, des Gottes des Donners, des Gottes der Fruchtbarkeit, des Gottes des Regens, ja, der Allmächtige Gott schaffte dieses gesegnete Land für uns. Er ließ alle diese Gottheiten vom blauen Himmel zu uns runterkommen, um uns alles zu gewähren, was wir brauchen. Brauchen wir Regen, so wenden wir uns an den Gott des Regens. Ist einer verzweifelt, weil er keine Kinder bekommen kann, so braucht er nur ein Opfer für den Gott der Fruchtbarkeit zu bringen.

Und der Allmächtige Gott gab uns nur ein einziges Verbot: „Du darfst nicht mit der Frau des Anderen ins Bett gehen!". So sprach der blaue Himmel zu unserem Ururgroßvater. Und der Griot von unserem Ururgroßvater sprach zu unseren

Urgroßvätern. Und der Griot unserer Urgroßväter sprach zu unseren Großvätern. Und der Griot unserer Großväter sprach zu unseren Vätern. Genauso muss ich heute zu euch sprechen, Kinder! Denn der omnipotente Gott sprach eines Tages aus seinem olympischen Thron: „Du darfst nicht mit der Frau des Anderen im Bett landen!".

Und es passierte schon in der Generation unserer Urgroßväter, dass ein junger Mann - oh, wie schön war der! - von allen Frauen des ganzen Landstrichs begehrt wurde. Dieser junge Mann hieß Biti und gehörte einem Stammesverband, dessen Riten sowohl die Polygamie als auch die Polyandrie verboten. So makellos wie Biti war, war er schon mit fünfzehn mit der Prinzessin liiert. Und alle Götter segneten die Hochzeit. Durch diese Allianz wurde Biti ein Prinz und wohnte im Palast. Und die Frauen begehrten ihn immer noch.

Dann kam es doch, dass sich Biti in ein anderes Mädchen namens Trassi verliebte, das auch Augen für niemand Anderen als für Biti hatte. Und Biti musste sich zwischen seiner frischen Liebe und seinem neuen sozialen Stand entscheiden. Ließ er sich von seiner Frau, der Prinzessin, scheiden, so würde er so bettelarm werden, dass sogar Trassi, seine neue Liebe, von ihm nichts mehr wissen wollen würde.

Also sprach Trassi eines Tages: „Mein lieber Biti, unsere Herzen sind für immer gebunden. Und doch sind unsere Seelen getrennt. Lass mich bitte einen anderen Mann heiraten, dem ich meine Seele verschenken würde. Dir und nur dir würde für die Ewigkeit mein Herz gehören". Diese enigmatische Sprache konnte Biti ganz schnell entziffern. Er antwortete: „Gut".

Und Trassi heiratete Lebahu, den Griot des Königs. Und alle Götter segneten die Hochzeit. Tage vergingen und Biti konnte keinen idealen Treffpunkt finden, an dem er seine geliebte Trassi treffen konnte, um die Liebe prächtig sprechen zu lassen. So sagte er eines Tages dem Griot des Königs: „Lebahu! Wetten, dass du es nicht schaffst, zwei Tage lang ununterbrochen die Geschichte der königlichen Genealogie in der guten Reihenfolge zu rezitieren!". Und Lebahu nahm die Wette an. Immerhin waren zwei Kühe als Preis ausgesetzt.

Schon am folgenden Tag, beim ersten Hahnkrähen, ging Lebahu ans Werk. „Top! Die Wette gilt!" sagte Biti. Während der Wettpartner sich mit Ehrgeiz und Ausdauer konzentrierte, um seine Kunst möglichst lückenlos zu machen und seinen Namen in das Rekordbuch der Lobsänger schreiben zu lassen, verschwand Biti, um ganz unauffällig in die Ehewohnung des bald betrogenen Lebahus einzudringen. Dort beabsichtigte er, einen zweitägigen Urlaub mit seiner geheimen Liebe Trassi zu verbringen. Es geschah auch. Allerdings nicht, wie Biti es sich vorgestellt hatte.

Die Beiden hatten auf diesen Moment so lange gewartet. Es ging auch ganz schnell zur Sache, ohne dass eine des Prinzenstatus würdige erotische Stimmung mit Kerzen und teuren Parfums notwendig war. Küsse wurden getauscht. Es kribbelte den Beiden irgendwo unter der Gürtellinie. Schuhe flogen. Bluse und Gewand wurden vom Körper gerissen. Es rappelte bei den Beiden. Die Folge waren hysterisches Geschrei, lustvolles Gestöhne, quietschende Betten, feuchte Zungenküsse und schließlich ununterbrochener Koitus, ewiger Koitus.

Ja, Kinder, ihr habt richtig gehört. Das Glied blieb einfach in der Scheide stecken. Die besten Teile der beiden Sünder verwandelten sich in Hundegeschlechtsorgane. Wie bei der Hundekopulation nahm die Eichel an Volumen zu und bildete drinnen in der Scheide einen Knödel, so dass das Trennen der Beiden unmöglich war. Aufstehen ging nicht. Alle Bemühungen blieben erfolglos. So mussten die beiden Täter zwei Tage lang so aneinandergebunden bleiben, bis - Vertrag erfüllt, Wette gewonnen aber ganz erschöpft - Lebahu nach Hause zurückkam. Böse überrascht schaute er sich mit erstauntem Mund die Szene an, die da vor seinen

Augen lief, ohne allen seinen Sinnesorganen vertrauen zu wollen.

Als die Erstaunenszeit überschritten war, unternahm Lebahu erfolglos, die beiden Sünder zu trennen. Es wurden zwei Mannschaften aus den kräftigsten Ringkämpfern gebildet, die jeweils den Mann und die Frau in gegenseitige Richtungen zogen, um sie auseinander zu bringen. Nichts half. Die beiden Mannschaften hatten sich keine Siegerehrung verdienen können.

Unter der Aufsicht des Königs wurde dann beschlossen, die Orakel zu befragen, was zu tun war, um den Fluch zu brechen. Gesagt, getan. Und der Himmel sprach abermals und legte als Sühne auf, dass beide Übeltäter jeden Tag auf den entsprechenden fünf Marktplätzen der Gegend zur Schau zu präsentieren seien, damit jedes Kind, jede Frau und jeder Mann demonstriert bekommt, was die Sünder erwartet. So wurden Biti und Trassi jeden Tag auf unterschiedliche Marktplätze transportiert und ausgestellt. „Kinder, habt ihr gesehen, was passiert, wenn man untreu ist?“ fragte jedes Mal Lebahu. Und die Kinder antworteten: „Ja, Biti ist nicht mehr unser Prinz“.

Am Abend des fünften Ausstellungstages, als der Markt zu Ende ging, wurden die beiden Sünder, wie aus Wunder, nach sieben Tagen *auseinandergerissen, und sie liefen nackt in getrennte Richtungen fort. Seit diesem Tag hatte man kein Lebenszeichen von Biti und Trassi mehr bekommen. Und der blaue Himmel sprach wieder: „Gut, so sei es!"*

„Ja, mein Lieber Jakubu. Diese Legende wurde von den Lobsängern von Generation zu Generation überliefert und weitergegeben. Man mag daran glauben oder nicht. Aber mit ausschließlich dieser Legende hatte das kollektive Gedächtnis es geschafft, mehrere Generationen so in Angst zu erziehen, dass niemand es wagte, den Schritt der Untreue zu überschreiten. Heiligt der Zweck nicht die Mittel? Aber ... ich sehe, du kennst solche Geschichten nicht mehr. Deswegen formuliere ich noch einmal meine Bitte: „Besuche uns von Zeit zu Zeit. Sogar deiner eigenen Sprache bist du jetzt unkundig geworden. Könnte es sein, dass du freiwillig entschieden hast, alles zu verlieren, uns zu verlieren?"

Ich wusste ganz genau auf welchem Gleis ich mich da bewegte, mit der Anspielung, Jakubu würde uns vergessen wollen. Aber die Provokation war absichtlich und perfekt und der Schlag gelungen. Denn mein Freund reagierte sofort mit:

- „Nein, um Gottes Willen. Verstehe mich nicht falsch! Ich will gar nichts verlieren. Ich will euch nicht vergessen und schon gar nicht meine Sprache. Euch vergessen? Ist das überhaupt möglich? Du hast hier auch eine Zeit lang gelebt, und du weißt genauso wie ich, dass es niemals möglich ist, die eigene Heimat zu vergessen. Im Gegenteil. Ich glaube, es ist immer die Heimat die einen vergisst. Du kannst sicher sein, dass ich an alle Menschen dort immer und immer wieder denken werde, die Toten wie die noch Lebenden. Aber versuche mal dir vorzustellen, wie viele Menschen dort noch an mich denken. Vielleicht denken Sie sogar, ich wäre tot. Und die haben Recht. Aber bei mir ist alles noch in Ordnung.

Ich habe alles im Kopf, im Gedächtnis, wie früher. Mein am Fuß des Bergs gelegenes Dorf, wo die Wohnungen, Hütten, Buden und sogar das Haus des Dorfchefs alle gleichförmig sind. Da, wo alle schmalen und verwinkelten Wege nicht nach Rom, sondern zum Dorf führen: Verbindungswege von Haus zu Haus, Fahrradwege von Ansiedlung zu Ansiedlung, Sackgassen, Feldwege, Fußwege, Wanderwege, alle haben ein und dieselbe Kreuzung, die auf dem Dorfplatz liegt. Da, wo bis auf die kleine Kapelle und die Moschee, alle Räumlichkeiten rund sind: die Wohnräume, Schlafzimmer, die Küchen, die Ställe, die Vestibüle, die Empfangshallen, die Getreidespeicher, das Missionshaus, das Spital, der Entbindungsraum. Da wo alle Häuser gleich schön sind, große wie kleine, reiche wie arme Häuser, alle gleich wie ausgegossen, mit ihren pyramidalen, strohgedeckten Dächern, ihren niedrigen Türen ohne Rahmen und Schlösser, ihren minimalen Fenstern ohne Scheiben, ihren zerstampften Bodenplatten, ihren mit Kompost verkleideten Außenwänden und ihren mit tonhaltigem Lehm tapezierten Innenwänden. Da, wo alle Menschen, je nach Jahreszeit, mal ein karges Leben, mal ein pompöses Leben führen, aber alle zusammen und gemeinsam. Da, wo am Tag dieselbe heiße Sonne für alle brennt, in der Nacht die gleichen Lampions für alle Haushalte flackern und bei Gelegenheit die einzige Kerosinstehlampe für alle auf dem Festplatz brennt. Da, wo alle am Tag ein und dieselbe Beschäftigung, die landwirtschaftliche Nutzung haben.

Solange der segenreiche Regen nicht auf sich warten lässt, schöpfen sie Kraft aus ihrer Hoffnung auf fruchtbare Ernten, um mit der Arbeit weiter zu machen. Jeder mal von seiner Seite, mal alle gemeinsam, für den Wohlstand des Dorfchefs zusammenzuwirken oder um dem sozialen Schwächling, dem familienarmen Bauer oder dem verspäteten Verwandten bei gewissen Aufgaben ein bisschen nachzuhelfen. Bei bestimmten Arbeiten wie Säen, streuen mit Dünger oder Ernten wird sogar Solidarität von den Frauen erwartet. Auch in diesem Land der klaren Aufgabenteilung zwischen Geschlechtern hat auch der Gemeinschaftsgeist manchmal Vorrang. Denn unabhängig von dem sozialen Stand darf man in dieser gottgesegneten Regenzeit keinen Zollbreit zurückweichen. Je pünktlicher sich das Zusammengehörigkeitsgefühl in dieser Periode manifestierte, desto weniger Krisen würde es in der Trockenzeit geben, und umso wundervoller würden die Festtage sein.

Man würde dann mehr Zeit dafür bekommen, um die Trommel vorzubereiten, die Lieder zu erproben, mit neuen Tanzschritten zu experimentieren, die Getränke zu bestellen, den Schnaps zu brennen, neue prachtvolle Kleider schneiden zu lassen, Wildbeute für die Angelegenheit zu beschaffen, oder einfach Viehsucht zu betreiben. Nur so wird das Dorffest grandios. Nur so haben die Junggesellen überhaupt eine Chance, die noch nicht vergebenen Herzen zu entdecken. Nur so kann man sich bei dem Gott des Regens bedanken.

Alles von dort, wo ich zu Hause bin, wo ich wirklich zu Hause bin. Dort, wo alle mich damals erkannt hatten, denen ich auf dem Dorf, in der Stadt, auf der Straße, auf dem Weideplatz, beim Klauen von Früchten, auf dem Fußballfeld, auf der Jagd, beim Angeln, oder auf dem Markt begegnete. Die Frauen, die Männer, die Kinder, die Älteren, die Jüngeren, die Jugendlichen, allesamt hatten sie mich erkannt.

Alle wussten wer ich bin, ein Tschinku, ein Sohn des Regens. Alle nannten mich ihren Sohn, ihren Enkelsohn, ihren älteren Bruder, ihren jüngeren Bruder, ihren Cousin, ihren Neffen, ihren Bekannten, ihren Verwandten, ihren Nachbarn. Ja, ich gehörte zu ihnen. Sie sprachen meine Sprache, unsere Sprache.

Nichts davon habe ich vergessen. Was glaubst du denn? Meine Muttersprache vergessen? Das kann ich niemals. Auch wenn ich hier niemanden finde, mit dem ich *Taneka* sprechen kann. Nee ... nee."

„Ich bitte dich also noch einmal", sagte ich, „Versuch mal, uns von Zeit zu Zeit zu besuchen!"

    &   &   &

Der Arbeiter

Nach meinem Plädoyer, bei dem ich den Eindruck hatte, als hätte ich mehr zur Erleichterung meines eigenen Gewissens gesprochen, als dass ich versucht hatte mein Gegenüber zu überzeugen, ja, als hätte ich nur Wasser auf den Rücken vom Enterich geschmissen, fand Jakubu keine wesentliche Veranlassung, auf meine Bitte zu reagieren. Stattdessen schaute er mich mit einem Blick an, der so interpretiert werden könnte: „Du Idiot, du verstehst gar nicht, worum es hier geht. Lass mich nur in Ruhe!". Nach einer Weile Schweigen kam er wieder zu der Angelegenheit über seine Arbeit zurück. Ich wiederum kehrte in meine Rolle als braver Adressat zurück, der gut und geduldig zuzuhören wusste.

- Ich hatte dir nicht erzählt, so knüpfte Jakubu wieder an seine Erzählung an, wie ich überhaupt mit der Arbeit angefangen hatte. Wie gesagt, ich hatte auf mein Stipendium verzichtet, weil ich es nicht erneut beantragt hatte. Solange Uta arbeiten konnte, bestand für mich keine Gefahr, mein Studium abbrechen zu müssen. Das hatte sie selbst versprochen, und es war nicht ihre Art, das Blaue vom Himmel zu versprechen. Neben meinem Studium bestand dann also meine tägliche Beschäftigung darin, unser Zusammenleben ein Stück lebhafter zu gestalten. Das einzige Hobby, das ich mir leisten konnte, war zu jener Zeit das Schmökern von Sciencefiction-Büchern von Jules Verne und Abenteuerromanen *à la* Karl May, die ich aus der Privatbibliothek meines Schwiegervaters entleihen durfte. Ich hatte frühzeitig meinen Musikgeschmack verloren und konnte kaum eine ganze Kassette oder CD hören, ohne mich zu langweilen. Die Nachmittage waren meistens für Computerspiele oder Fernsehen reserviert. Nachts sahen wir wieder fern, bevor wir ins Bett gingen.

In Wirklichkeit galten unsere Fernsehstunden für mindestens eine Person von uns nur als ein Müdigkeitstest, ein Schlafmittel oder ein Wiegenlied. Jedenfalls kann ich mich an keine Sendung erinnern, die wir zusammen bis zum Ende geschaut hatten. Meistens hatte einer von uns erfolglos versucht, sein Gähnen zu unterdrücken, um dem Anderen das Schlafbedürfnis nicht anzustecken. Oft war allerdings der Übermüdete nach ein paar Überwindungsmanövern ganz schnell eingeduselt. Dann blieb es dem Partner nur noch übrig, durch ewiges Zappen, nervöses Ein- und Ausschalten vom Fernseher und endloses Umblättern vom Teletext seinen Frust verbergen zu versuchen. Ich hatte mich immer gefragt, ob diese Fernsehsender das absichtlich machten, um Leute in ihrem Missvergnügen noch tiefer zu versenken. Ja, es ist, als ob sie immer vergessen, dass manche Menschen wie ich das Fernsehen als Antidepressivum einsetzen. Hast du es nicht bemerkt? Im Winter zum Beispiel, wo überall der Schnee liegt, wo Kälte und eintönige Weiße herrschen, ausgerechnet in dieser Zeit zeigen sie Filme die irgendwo im Weißrussland gedreht wurden, und Schauspieler, die von der Kälte ganz blaue Hände, Füße und Lippen bekommen hatten. Genauso ist es im Frühling, wenn das fürchterliche Aprilwetter mit Nebel, Nässe, Feuchte, Tautropfen, Wolken, Regen, Hagel und Sonne am selben Tag verrücktspielt. Da werden komischerweise auch Spielfilme programmiert, die dasselbe spleenige Wetter widerspiegeln. Das schöne Wetter, das man im Winter als Psychotherapie gebrauchen könnte, bekommt man umgekehrt im schönen Sommer serviert. Dann zeigen die Sendungen und Filme schöne Strände, Berge, Seen, wunderschöne Natur, nackte Haut, fröhliche Urlauber, die sich die Sonne auf den Pelz brennen lassen. Und im Herbst? Überall

64

Farbenrausch, draußen wie im Fernseher buntes Glücks-
gefühl. Hast du das nicht bemerkt?

Eines Tages wagte ich sogar an einen Sender zu
schreiben, um mich darüber zu beklagen. Ich hatte
meine Beschwerde eigentlich nicht ernst gemeint, sondern wollte mich einfach dazu äußern. Aber, wie du
weißt, sind Briefe in diesem Land fast sakral. Deswegen
war ich nicht überrascht, als ich die Antwort auf meinen
Beschwerdebrief auf der sogenannten interaktiven Te-
letextseite lesen durfte. Es hieß: *„Eigentlich produzieren wir unsere Filme nicht selbst. Wir bekommen sie
von unseren Partnern geliefert. Aber vielen Dank für
Ihre Bemerkung. Wir werden in Zukunft bei der Pro-
grammierung der Filme darauf Acht geben“*. Mir war
klar, dass die Redaktion dieser Seite einfach höflich mir
gegenüber sein wollte. Trotzdem war ich fest entschlossen, etwas zu unternehmen, um die Stimmung von Langeweile, die bei mir zu Hause herrschte, umzukippen.

Es war also weniger von der Absicht geprägt,
meine Frau zu unterstützen, als vielmehr davon, diese
tödliche Stimmung ihrerseits zu ändern, die mich ein
ganzes Wochenende gekostet hatte, Uta davon zu überzeugen, dass sie endlich nicht mehr arbeiten sollte - we-
nigstens bis unser Kind zur Welt kam. Ich schlug ihr
vor, ich würde dann für uns beide arbeiten. Uta lehnte
ab, zu Hause zu bleiben, mit dem Grund, sie würde sich
allein tot langweilen. Wir fanden dann endlich einen
Kompromiss, der darin bestand, dass wir beide arbeiten

würden, bis das Kind zur Welt kam. Dann würden wir mit unseren jeweiligen Aktivitäten aufhören, damit ich weiter studieren könnte und sie sich um das Baby kümmern konnte. Das waren offensichtlich eine verrückte Idee und ein Hirngespinst, ich gebe es ja zu. Aber da diese Illusion mir half die damalige Situation zu überleben, fand ich sie interessant und aufschlussreich.

Am folgenden Montag, bevor Uta zur Arbeit fuhr, waren wir zusammen in einer sogenannten Leihfirma - einem Arbeitsvermittlungsunternehmen, das mir meine erste Arbeitsstelle besorgen sollte. Ich bekam einen Arbeitsvertrag von drei Monaten. In St. Wendel, einer etwa vierzig Kilometer von unserem Wohnort entfernten Stadt sollte ich in einem Schichtsystem arbeiten. In der ersten Woche fing die Arbeit morgens früh um sechs Uhr an und ging bis vierzehn Uhr nachmittags. Uta verpflichtete sich, mich jeden Tag hinzufahren und mich wieder nach der Arbeit abzuholen. Es war die einzige Bedingung, um den Job überhaupt zu bekommen.

Die Leihfirma war zwar bereit, mir ein Auto zur Verfügung zu stellen, aber ich hatte ja keinen Führerschein. Als Herr Schuler, der Leiter der Firma mich fragte, warum ich keinen Führerschein besaß, antwortete ich, dass ich kein Auto hatte. Als er wissen wollte, warum ich kein Auto hatte, war es Uta, die antwortete: „Weil er keinen Führerschein hat". „Haha, der ist gut. Der Witz ist gut, Frau Wagner, bemerkte Herr Schuler. Aber er bringt uns nicht weiter. Wenn Sie die

Verantwortung übernehmen, Ihren Mann zu fahren, gebe ich ihm eine Arbeitsstelle. Ansonsten würde ich vorschlagen, er geht erstmal den Führerschein machen und danach kann er bei uns anfangen". Uta war natürlich damit einverstanden, mich zu fahren und so bekam ich meine erste Arbeitsstelle.

Meine Frau hatte mich also jeden Tag fahren müssen, bevor sie sich zu ihrem eigenen Arbeitsort begab. Unsere gemeine Abmachung hatte die Zeit gedauert, die sie eben dauern konnte. Und dann kam das, womit wir nicht gerechnet hatten. Oder besser gesagt das, womit wir nicht rechnen wollten. Anderthalb Monate, nachdem ich mit der Arbeit angefangen hatte, konnte Uta nicht mehr fahren. Es war der siebte Monat ihrer Schwangerschaft und sie fühlte sich immer schwächer und immer öfter krank. So musste der Arzt ihr verschreiben, nicht mehr zu arbeiten und sich keinen großen Mühen mehr auszusetzen; Und das hieß wohl auch nicht mehr zu fahren.

Nun fing mein Martyrium an. Ich musste es auf meine Weise schaffen, mich zur Arbeit zu begeben, ohne teuer zahlen zu müssen. Schlimm war es immer, wenn ich Frühschicht hatte. Da musste ich um drei Uhr aufstehen, mein Frühstück vorbereiten und einpacken, etwa drei Kilometer bis zur nächstnahen Busabfahrt in Ermesheim zu Fuß hineilen. Ich konnte mir zwar täglich ein Taxi für diese drei Kilometer leisten, aber um diese

Uhrzeit waren weder Busse noch Taxen in unserem Ort von Ommersheim zu finden.

Von Ermesheim ging es weiter mit dem Bus bis St. Ingbert, wo ich zirka dreißig Minuten auf den Zug warten musste. Allerdings war die Wartezeit, genauso wie die Fahrt mit dem Bus und danach mit dem Zug bis St. Wendel, niemals vergeudete Zeit, da ich mir immerhin kurze und schnelle Schlafmanöver wie ein richtiger Schlafwandler erlauben konnte. Fast immer fand ich sogar Schlafgenossen am Bahnhof und manchmal auch im Zug, mit dem einzigen Unterschied, dass die anderen Insassen vom Alkohol betrunken waren, während ich von der Müdigkeit besoffen war.

Am Bahnhof von St. Wendel angekommen musste ich allerdings noch weitere drei Kilometer bis zu der Firma Schumann laufen, wo ich arbeitete. Die ersten Tage waren für mich so unerträglich, dass ich mit der Arbeit aufgehört hätte, wenn ich es mir auch nur ansatzweise hätte leisten können, daran zu denken. Denn einmal in dieser Firma eingetroffen, hatte man weder die Zeit noch die Möglichkeit zum Denken. Es handelte sich ja nicht um ein Denklabor, sondern um körperliche und messbare Leistung. *„Nichts Anderes als Schaffen"*, das war unsere Devise.

Alles, was hier Rang und Namen hatte, das waren in der Tat die Maschinen. Und das nicht nur, weil wir sie mit Behutsamkeit und Ehrerbietung so bedienen mussten, wie man einem Ehrenmann dient, sondern weil jede Maschine tatsächlich einen richtigen Eigennamen besaß. Zwar waren es nur Namen von Fußballclubs, aber immerhin ausschließlich die der Erstligisten. Nee, mein Guter, freue dich nicht so früh, denn es gab natürlich keine Maschine mit Tiernamen. Stell dir vor, eine Maschine würde Elefant, oder Löwe, oder Eichhörnchen heißen? Ich bitte dich! Nein ... es genügte nicht, eine Berühmtheit zu sein, um die hochwertige Segnung einer Maschine zu erhalten. Eine Mannschaft musste schon einen Fanclub in der Firma besitzen, bevor ihr diese Ehre erwiesen wurde.

Abgesehen von den zahlreichen FC-Clubs, die sich ausschließlich durch Leistung einen Rang erwerben konnten, mussten die anderen Fußballteams eine anerkannte Fähigkeit nachweisen können, deren Naturell mal durch die Mannhaftigkeit eines Helden, mal durch die Geschäftstüchtigkeit eines Unternehmens bestimmt wurde. So hießen Maschinen beispielsweise Arminia, Alemannia, Borussia, Hansa, Bayer usw.

Weder Namen noch Rang hatten wir, die Mitarbeiter. Nicht mal unsere Nachnamen spielten hier eine Rolle. Ganz egal welche Maschine wir bedienten, ganz egal für welche Liga wir fieberten, spielten wir in der Firma allesamt in der Produktionsliga. Alle ohne Ausnahmen. Für uns gab es weder die erste noch die zweite Liga, noch die Regionalliga, noch die Oberliga, noch die Landesliga, noch die Bezirksoberliga, noch die

Bezirksliga. Alle in derselben Liga: keine Meckerei, keine Anrede, keinen Herrn so, keine Frau so. Es gab für uns kein Siezen. Wir waren alle *per* du. Es gab keinen Wagner, keinen Wilhelm, keinen Adenauer, keinen Goethe usw. Jeder hatte einen Vornamen und das musste reichen. Also „Du, Jakubu!", „Eh, Markus", „Ach, Kollege" ...

Alles in allem standen wir alle auf dem Duzfuß miteinander, sogar mit den Chefs, ausgenommen natürlich die unsympathischen. Warum auch nicht? Immerhin brauchten wir die Chefs nicht, um unsere Maschinen zum Laufen zu bringen. Sie waren auch nur da, um uns zu ärgern, uns ganz kribbelig zu machen und uns ständig auf die Nerven zu gehen. Motivation? Was für ein Fremdwort! Die berühmte Motivationstechnik - der Tritt in den Hintern - war hier die einzige Sitte. Dafür waren alle Bedingungen vorhanden: kein Umkleide-, Pause- oder Warteraum, keine Raucherzone, keine Kaffee-, Getränke- oder Zigarettenautomaten. Die einzigen Heizungen waren die der Maschinen: „wer vor Kälte zittert, der kann nicht gleichzeitig schlummern, eindösen oder träumen" hieß das Prinzip.

Am Anfang gab es sogar nur eine Toilette, auf deren Tür ganz sichtbar auf das Wort „Frauenklo" hingewiesen wurde, und die die einzige Lösung für alle bot, die nicht mannhaft genug waren, um die acht Stunden einzuhalten, ohne mal zu müssen. Naturgemäß in der Frauenabteilung gelegen, bestand der Klo-Luxus aus einer einzigen Toilettenschüssel ohne Deckel, einer alt-modischen Wasserspülungsanlage, einem Waschbecken ohne lauwarmes Wasser, einem oft leeren Schaumspender, einer ekligen Klobürste und Toilettenpapier von schlechtester Qualität. Es gab kein Pissoir, keinen Dampftrockner, keine Handtücher, keinen Spiegel, keinen Duftspender usw.

Erfahrungsgemäß, besonders im Winter, diente diese armselige Frauentoilette dennoch als Exil, als Zufluchtsort für improvisierte Klodichter beiderlei Geschlechts. Angesichts der niedrigen Außentemperaturen war es nämlich für Letztere unmöglich, ihre Pause im Freien zu verbringen, um sich an den allwissenden Gott der Geistesschöpfung zu schmiegen, ja, um Freiraum für ihre Phantasie zu schaffen und das Feuer von Prometheus entgegennehmen zu können. In Anbetracht des vielen Lärms am Arbeitsplatz gab es keinen ruhigeren Ort für sie als das Klosett, um ihre Enttäuschung zu verarbeiten und ihre Frustration abzubauen. Ganz egal ob aus Begabung, Inspiration oder Muße mussten sie sich notfalls damit begnügen, ihre Dichtung im Klo, auf dessen Tür, auf dessen Wände, auf dessen Fußboden, auf dessen Decke, oder auf der Toilettenschüssel auszuüben. Dauerschreiber, Farbsprays, Kreide und sonstige Schreibgarnituren ließen sich immerhin einfach von Zuhause mitbringen und blieben ebenfalls gern in den Taschen versteckt, bis sich die Gelegenheit anbot.

Alle Formen der Dichtung waren hier ange-
bracht: Graffiti, Epik, Lyrik, mit oder ohne Metren,
Reime, Rhythmen. Da „*die Gedanken zollfrei sind*", waren auch alle Strömungen erlaubt, vorausgesetzt die
Texte blieben ununterschrieben: frauenfeindliche Strophen, ausländerfeindliche Verse, Machosprüche, Ich-
suchtparodien usw.

Ich habe mir ein paar Texte gemerkt. Die Sprü-
che, die mir jetzt einfallen, sind natürlich „*Ausländer
raus!*" oder „*Ich bin hier der Boss!*"... Es gab natürlich
auch vollständige Absätze oder Strophen:

✓ *Ich habe gestern eine Million Mark im Lotto
gewonnen. Morgen werde ich Politiker. Ich
habe nur ein Programm: ich kaufe mir die
Firma Schumann, schmeiße alle Mitarbeiter raus und lasse hier nur Marihuana
pflanzen. Deutschland braucht mehr grün!*

✓ *Das ist ein Frauenklo.*

Man nennt es so,

Weil hier die Männer scheißen,

Und hier die Frauen putzen.

✓ *In diesem Klo,*

Da wohnt ein Geist,

Der jedem in die Eier beißt,

Der hier scheißt,

Und die Bürste

Nicht greift.

Während die Dichter die Toilette für ihre Kunst monopolisierten, sie in ein Labor der Kunstakademie verwandelten, mussten die Kunstbanausen - darunter Festangestellte und diejenige Hilfsarbeiter wie ich, deren vereinbarter Vertrag sie zu einer Pause berechtigte - ihre Ruhezeit mit dem Lärm der Maschinen vereinbaren. Immerhin hatte jeder Mitarbeiter Recht auf einen Gehörschutz, und die mussten zu etwas Nützlichem dienen, nämlich das Gehör zu schützen. Die Tüchtigsten, die es geschafft hatten, bei ihren Arbeitsagenturen einen Vertrag ohne Pausenzeiten zu verhandeln, die waren die tapfereren und fleißigeren Arbeitsbienen und hatten dementsprechend Vorfahrt während der Pause. Pech für die Angeber und sonstige Philister, die meinten, sie könnten ihre Pause benutzen, um zu denken, um zu philosophieren. Basta! Und noch einmal Basta! Hier ist keine Denkfabrik, sondern eine Fabrik.

Für mich war das Ganze eine fremde Welt. Ich empfand etwa dasselbe zwiespältige Gefühl, das Christoph Columbus bei der Entdeckung seiner Neuen Welt

hat empfinden mögen: einerseits eine Welt voll von Erwartungen - bei mir voll vom Haushaltsgeld - und andererseits eine Welt von Enttäuschungen und Leere. Bei
Columbus war vielleicht sogar die Lage leichter, da
seine Leere dort lag, weit, sehr weit von den Augen entfernt, von der „Zivilisation". Bei mir war die Leere hier,
nur durch vier Wände von der Alten Welt getrennt, inmitten des Landes der Perfektion. Trotzdem leer, unbe-
rührt und empfindungslos.

In den besten Jahreszeiten, wenn das Wetter
draußen nicht schlecht war, da konnte man sich erlauben, die Pause draußen zu verbringen. Da hatte man
mindestens dreißig Minuten Zeit, um kleine Scherze zu
tauschen, die meistens das eigene Arbeits- oder Familienleben verrieten, und die für mich am Anfang sowieso blöd erschienen. Ich hatte andere Sorgen, die
nicht mehr und nicht weniger darin bestanden, als so
rasch wie möglich mit diesem Leben fertig zu werden.
Mich mit der neuen Realität abzufinden war mehr als
eine bittere Pille. Aber ich war fest davon überzeugt,
dass ich sie für ein paar Monate schlucken konnte.

Vor Wochenfrist war ich noch Student und sollte
frühestens um sechs Uhr mit Hilfe eines Weckers aufstehen und zwar mit großer Überwindung. Dann konnte
ich ganz locker mein Frühstück, so arm es auch war, mit
viel Appetit und Ruhe genießen. Da ich allerdings die
Fähigkeit eines Flusses nicht besaß, der die Nieder-
schläge dadurch bewältigt, dass er so lang wie möglich

in seinem Flussbett liegen bleibt, durfte ich prinzipiell nicht länger im Bett bleiben, wenn ich den Niederschlag am Ende des Semesters vermeiden wollte. Ich musste mich stattdessen ganz locker auf den Weg zur Uni machen. Immerhin durfte ich mir erlauben, mich zwischen zwei Vorlesungen oder Seminaren mit Freunden zu treffen, um die Erfahrungen mit den Mädels zu tauschen, Witze über Professoren loszulassen und Lästereiwettbewerbe auf Kosten der Kommilitonen zu veranstalten.

Nun musste ich jeden Tag acht volle Stunden mit dem Lärm der Maschinen leben, mit dem Gehörschutz umgehen, so aufmerksam bei der Arbeit wie möglich sein, um Arbeitsunfälle zu vermeiden, mir blöde Vorwürfe anhören und, im besten Fall, dämliche Scherze in Kauf nehmen. Ich nahm allerdings mein Übel mit Geduld und freute mich darauf, dass ich nach drei Monaten endlich mit meinem Studium anfangen und alle diese Strapazen loswerden würde.

Dass meine Frau nach der Entbindung ein paar Monate brauchte, bevor sie wieder mit der Arbeit anfing und dass mindestens eine Person sich um unseren Säugling kümmern musste, wollte ich einfach nicht sehen. Mit dieser Realität nicht zu rechnen war mein Fehler, unser Fehler. In unserer Naivität hatten wir beide diese Idee einfach ignoriert und nur gedacht: „Wir schaffen das schon!".

Das Ende meines Arbeitsvertrages stimmte mit der Geburt meiner Tochter Conni überein, und nun war ich in meine eigene Falle gefallen. Ich musste weiterarbeiten, um für meine Familie aufzukommen. So musste ich auf mein Studium verzichten und trat bitter ins aktive Leben und in die Arbeitswelt, ohne jegliche Vorbereitung, ohne jegliche Ausbildung und ohne Bereitwilligkeit von meiner Seite: Lebewohl, schöne Studienzeit! Adieu, die Träume! Nieder mit BWL! Es lebe die Palettenwirtschaft! Hoch die Werkzeuge! Servus, neues Leben! Ich war von mir selbst verraten und verkauft.

Wegen der Zuverlässigkeit, mit der ich während der drei Monate gearbeitet hatte, gelang es mir, nicht nur meinen Vertrag verlängern zu lassen, sondern auch eine feste Stelle zu bekommen, sobald ich danach gefragt hatte. Ich wurde ganz schnell ein anspruchsloser Produktionsarbeiter genauso wie alle anderen, die jedoch meistens gar keinen Schulabschluss aufweisen konnten, geschweige denn einen Studiennachweis vorlegen konnten. Das Leben war für mich gestoppt, denn ich lebte ohne Träume. Ich war nur ein Teil der Maschine und musste nur funktionieren. Die Freude an der Arbeit, die ich bis dahin gehabt hatte, war plötzlich verschwunden. Als Student hatte ich mich mit viel Begeisterung auf die Ferienarbeit gefreut. Nun war es anders. Die ganze Zeit, die ich bei Schumann gearbeitet hatte, hatte ich nur noch vom Urlaub geträumt. Kaum war ich vom Urlaub zurück, fing ich an, die Tage zu zählen, die mich vom nächsten Urlaub trennten. Kaum hatte ich zwei Tage gearbeitet, fing ich an, ans Blaumachen zu denken.

Anderthalb Jahre nach der Geburt von Conny kam dann Uwe zur Welt: Es war der Anfang vom Ende. Ich hatte keine Hoffnung mehr, mein Studium irgendwann abschließen zu können, keine Zukunftspläne, keine Projekte in der Perspektive.

Ich ... ich ..., ja, ich Jakubu, der einzige von sechzehn Kindern, der die Chance und die Gelegenheit bekommen hatte, nach Deutschland zu kommen, um Wirtschaft zu studieren, als gebildeter Wirtschaftsingenieur zurückzukehren und überall mitzureden, wo diese Krawattenleute, die *Akowe*, sprachen. Ich war die Hoffnung einer ganzen Familie, eines Dorfes, einer ganzen Region, ja eines Landes. Ich fand aber keinen Ausweg.

Dabei war es niemals meine Absicht gewesen, in Deutschland zu bleiben, mich in Europa zu etablieren oder, wie du es sagtest, Saarländer zu werden. Ich hatte damals diese Perspektive nicht in Sicht. Diese Überlegungen kamen in meinen Gedanken und Projekten nicht in Frage. Ich war damals davon überzeugt, dass ich nach dem Studium nach Hause zurückkehren wollte. Ich hatte vielleicht Uta alles klar machen sollen. Aber das hatte ich ihr nie gesagt. Ich hatte sie von vornherein angelogen, wie ich meine damaligen Freundinnen und weiblichen Bekannten der Studienzeit belogen hatte.

Wir hatten nämlich damals festgestellt, dass sich die Frauen, im Gegensatz zu den Männern, immer zurücksetzten, enttäuscht wirkten und manchmal quasi vor Entsetzen erschauerten, wenn wir klar ausdrückten, dass wir Heimweh hatten und uns darauf freuten, sobald wie möglich nach Hause zurückzukehren. Am Anfang hatte ich das Prinzip nicht verstanden, das mich viele Freundschaften gekostet hatte. Dieser Satz bremste angeblich immer die Beziehungen mit Frauen, genauso wie die umgekehrte Formulierung die die Freundschaft mit Jungs abstoppte, so grundsätzlich die graue Theorie von Sumanu. Du kennst doch Sumanu, oder?"

- „Ja, natürlich kenne ich Sumanu, den großen Frauenversteher. Eigentlich war er nicht mehr und nicht weniger als ein Weichling, und vom Umgang mit Frauen verstand er sowieso nichts. Ich weiß nicht, woher er sich diesen Ruf eines Frauenverstehers erworben hatte."

- „Jedenfalls gehörte ich zu der Clique von Sumanu, und wir versuchten ganz konsequent seine Theorien umzusetzen. Laut seinem sogenannten Axiom vom *„Ja-bzw.-Nein"* sollen wir mit „ja" in der Anwesenheit eines Mannes antworten. Im Fall der berühmten Frage - „Wollen Sie bei uns bleiben oder gehen Sie nach Ihrem Studium wieder heim?" – sollte man einer Frau mit „nein" antworten. Und es hat manchmal doch funktioniert. Da *„jeder Scharlatan seinen guten Ruf aus Zufällen verdient"*, genauso hatte auch Sumanu es

geschafft, seinen Ruf als Frauenversteher auf Glücks-
fälle zu bauen. Ich allerdings hatte eine schlechte Erfahrung mit seinem Axiom von „*Ja-bzw.-Nein*" gemacht
und werde das niemals vergessen können. Ich schäme
mich fast, wenn ich daran denke.

Es war ein Frühlingsmontag, einer solcher Tage,
die einem grauenhaften, fürchterlichen und von Schauer
und Gewitter geprägten Wochenende folgen. Ein Wo-
chentag, an dem die Sonne ihre Revanche spielen
mochte, indem sie schöneres Wetter ankündigte. Einer
solcher Tage, an dem einem nicht der Wecker, sondern
der Sonnenschein den blauen Montag rettet. Schon am
Morgen wurden die Lichtstrahlen durch die Blumen und
Blätter der freudestrahlenden Bäume von Osten in alle
anderen Richtungen, in die Wohnzimmer, in die Schlafzimmer, durch das Fenster und durch die Tür reflektiert,
während sich die noch scheue Sonne nicht traute, sich
sehen zu lassen.

Es war einer jener Tagesanbrüche, an dem man
früher aufsteht, weil der Tag früher angebrochen ist, und
der Tag länger zu dauern scheint. Die Lebensstimmung
war mit der einzigen Lust geprägt, raus aus der wetter-
bedingten Begrenztheit zu gehen und so viel wie möglich mit den anderen Mitmenschen, Hausgenossen,
Nachbarn oder einfach den Leuten auf der Straße Gedanken zu tauschen. Erfahrungsgemäß handelt es sich
aber bei solchen Gesprächen um das Einzige, was alle
Erdbewohner gemeinsam haben, nämlich das Wetter:

„Na, schönes Wetter, ne?", „Ja, ich mag die Sonne" oder solche belanglosen Bemerkungen, die nur dazu dienen, einfach in die Kommunikation mit dem Unbekannten einzusteigen.

Die Natur machte auch mit und zeigte ihre besten Kleider und Farben: grün, grün und noch einmal grün, überall grün. Das grüne Stadtbild brachte den Menschen das Gefühl der Hoffnung. Winter und Ängstlichkeit ade, der menschliche Körper erlebte eine plötzliche und rasche Metamorphose. Seele und Körper schienen ihr ewiges Kriegsbeil begraben und ein Gleichgewicht zwischen Energie und Vitalität gefunden zu haben. Es roch überall nach Genuss, Erfrischung und Frieden. Es klang allseits nach Ruhe, Freude und Lebendigkeit. Die Fußgängerzonen wimmelten von Menschen. Die wenigen Menschen, die Zeit dafür hatten - und nicht in einem Büro hinter einem Schreibtisch vor Langeweile vergehen mussten - sich nicht hinter einem Computer verstecken mussten, oder nicht gegen eine Maschine kämpfen mussten. Ja die Glücklichen, die draußen arbeiten durften oder ihre Freizeit genießen konnten, ließen sich durch die Sprache der Natur verführen. Zum Teufel dicke Jacken, Mäntel, Pullovers, dicke Stiefel und Regenschirme. Man kleidet sich auch endlich bunter. Stattdessen leben Westen, Anzüge, Sakkos und Mützen! Man lächelte freundlicher und wurde allgemein kontaktfreundlicher.

Frisch wie der junge Morgen kam ich an einem solchen Frühlingsmontag viel früher als gewohnt an der Bushaltestelle an, weil ich auch über die schöne Natur mitzusprechen beabsichtigte und im schlimmsten Fall, wenn keiner da war, den Duft der Bäume genießen wollte. Es war sicher der beste Moment dafür, denn in ein paar Monaten könnte sich keiner mehr erlauben, mehr als zehn Minuten an der Bushaltestelle zu verbringen, ohne von der Eiskälte blaue Lippen zu bekommen. Der grauenhafte Winter würde sich nämlich gewiss bald wieder melden. Aber bis dahin kommt noch der Sommer; Also, niemals an den Winter denken!

An der Haltstelle fand ich doch ein Geleit, eine gut angezogene und gutaussehende Greisin, die immerhin Eichendorff zitieren konnte. Als sie mich kommen sah, begrüßte sie mich mit:

„Laue Luft kommt blau geflossen,

Frühling, Frühling soll es sein!"

Dessen ungeachtet, dass sie gleich zugab nicht mehr zu wissen von wem die Verse stammten, die ich sowieso nicht kannte, war es nicht Eichendorff, sondern das freundliche Lächeln der alten Dame, das mich zur Unterhaltung mit ihr aufforderte. Ich tat dies mit der besten Technik, um ein wirklich interessantes Gespräch anzufangen:

Ich: Guten Tag! Der Frühling ist dieses Jahr aber kalt?

Die Dame:	Ach! Junger Mann, es ist nicht kalt. Ich meine, ich bin sehr alt, aber schauen Sie, wie ich angezogen bin! Das Wetter ist heute besonders schön. Besseres Wetter kann man in Deutschland nicht erwarten. Es ist weder kalt noch warm. So ist's gut. Schauen Sie, am Wochenende zum Beispiel da war das Wetter nur schwül und regnerisch. Das war nicht gut. Wie lange sind Sie schon bei uns?
Ich:	Ich bin hier seit sechs Monaten. Ich heiße Jakubu.

Während ich eigentlich die Gelegenheit nutzen wollte, um mein Deutsch vom Sprachkurs auszuüben, lag das Anliegen der Greisin woanders. Stoßweise nach Atem ringend unterrichtete sie mich schwerfällig über die Grausamkeit und die Leblosigkeit des Winters, den ich sowieso schon kannte. Sie sprach über die Kälte, über das Winterhilfswerk, bei dem ich mir kostenlos Winterjacken, Pullover und Winterschuhe beschaffen könnte. Sie redete über den letzten Winterschlussverkauf, bei dem ich mir ganz billig warme Kleidung hätte kaufen können. Sie plauderte über Schneeregen, Schneesturm und Schneetreiben, über blätterlose Bäume, über die Heizungen in den Häusern, über Heizölkosten, über Faulpelze, die den Schnee vor ihren Häusern nicht kehren wollen, über die armen alten Menschen, die ihre Beine im Winter brechen, über unverschämte Bahnhofsbehörden, die ihre Türe vor der Nase von Obdachlosen schlossen. Gleichzeitig beklagte sie sich über den Schnee, da nicht mehr so viel wie früher fällt. Früher, so kommentierte sie, sei der Schnee so hoch gewesen, dass alle Menschen ihre Autos in den Garagen lassen und zu Fuß gehen mussten. Somit hätten die Autofahrer, so die alte Dame weiter, die Erfahrung machen müssen, die alle Leute bei mir zu Hause täglich machten, die keine Autos besaßen. Sie äußerte sich über Schneegebirge wie den Kilimandscharo bei mir zu Hause, obwohl sie nicht wusste, woher ich kam. Sie erwähnte Weihnachten und den Weihnachtsmann, der bei uns Mohammedanern unbekannt sei, obwohl sie mich nicht nach meiner Religion gefragt hatte. Immerhin hatte ich mich als Jakubu vorgestellt, und so hieß doch niemand, den der Weihnachtsmann besuchen könnte.

Eigentlich wollte ich nur das schöne Wetter genießen und nicht etwa vom Winter reden. Obwohl die Fastnachtstage noch nicht festlich begangen waren, wollte ich auf eigene Veranlassung den Frühling feiern und den Winter vertreiben. Doch die Begegnung mit der unbekannten Dame stellte die Prioritäten in der umgekehrten Reihenfolge. Plötzlich bekam ich auch Lust, aktiv am Unterricht über den Winter teilzunehmen, der mir angeboten wurde, weil ich über meine eigene erste Erfahrung mit dem Schnee erzählte. Doch so weit waren meine Deutschkenntnisse auch nicht. Ich wollte gern erzählen, dass ich früher keinen Schnee gesehen hatte,

83

bevor ich hierherkam. Dass ich einmal bis sehr spät in die Nacht gelernt hatte, ganz konzentriert an meinem Arbeitstisch mit geschlossenen Fenstern, aber mit offenem Vorhang. Ich wollte erzählen, dass ich so eifrig beim Lernen der deutschen Grammatik war, dass ich nicht gemerkt hatte, was draußen vor sich ging. Dass ich den, wie ich ihn später erleben durfte, langandauernden Schneefall nicht bemerkt hatte. Ich wollte erklären, dass ich den Vorhang zuziehen und ins Bett gehen wollte, als ich mit dem Lernen fertig war, als ich dieses etwas entdeckte, das vom Himmel fiel wie Seifenschaum. Ich wollte zugeben, dass ich erstmal nach oben geschaut hatte, um zu sehen, woher dieser Schaum kam, bevor ich auf den Boden guckte und feststellte, dass alles weiß war: auf Dächern, auf Dachfenstern, auf Balkons, auf Bäumen, auf geparkten Autos, auf Straßen, auf Wiesen… Ich wollte der alten Dame verraten, dass nur die Bilder, die ich vorher in Filmen und Büchern gesehen hatte, mir dabei geholfen hatten, zu verstehen, was diese weiße Masse war. Ja, ich wollte dieses Erlebnis von mir mit der unbekannten Dame teilen. Doch die Sprachbarriere hatte anders entschieden.

So begnügte ich mich damit, ganz passiv der improvisierten Vorlesung der Greisin über den Schnee und über den Winter ganz geduldig und interessiert zu lauschen. Ab und zu ließ ich noch Wörter wie „ja?" oder „ach so?" oder „echt?" und Ausrufe in der Art „Oh!", oder „Ach!" fallen, um meiner selbsternannten

Professorin zu zeigen, dass ich alles verstand, auch wenn ich keine vollständigen Sätze bilden konnte.

Und die alte Dame sprach auch freudig, ungeniert und unbekümmert weiter. Sie berichtete über ihre Enkelkinder, die sich gegenseitig mit Schneebällen bewerfen würden, über den Schneemann, den sie früher mit ihren Kindern zusammengebastelt habe und über ihre Untauglichkeit, jetzt denselben Schneemann für ihre Enkelkinder anzufertigen, weil sie auf dem Schnee nicht mehr richtig laufen könne. Sie sprach über Winterreifen, über die Schneekette für die Autoreifen, über die Schneefräse, den Schneeschieber und den Schneeräumer, übers Streusalz - eine gewisse Salzsorte zum Abtauen vom Schnee auf der Autobahn - über den künstlichen Schnee, der auch im Sommer mit Hilfe der Schneekanone hergestellt werden konnte, über ihren kleinen Teich mit Seewasser und roten Fischen im Garten, der im Winter durch eine Schneedecke zugedeckt sei . Nachdem sie sich nach meinem Heimatland und meinem beabsichtigten Studium erkundigt hatte, kam die Zauberfrage: „Wollen Sie nach ihrem Studium bei uns bleiben?"

Ich muss zugeben, dass ich gezögert habe, auf das Axiom von Sumanu zurückzugreifen. Angesichts des fortgeschrittenen Alters der Dame habe ich kurz überlegen müssen, bevor ich antwortete. Schließlich kam ein kleines, unsicheres und zögerndes „nein" aus dem Mund.

Ich war noch bemüht, die Reaktion auf dem Gesicht der Dame zu lesen, aber ich bekam kaum Zeit für diese Späherei. Denn inzwischen war ein an der Schwelle zum Seniorensein stehender Mann auch an die Bushaltestelle gekommen. Gefesselt durch unsere Unterhaltung, hatten wir das Eintreffen des alten Mannes nicht bemerkt. Es war Letzterer, der mich mit böswilligem Geschrei erschreckte: „Falsch, er lügt! Der junge Mann lügt! Sowas sagen sie immer, aber sie gehen nie heim, wenn sie fertig sind. Er lügt! ...".

Ich war so dermaßen überrascht, dass ich kein Wort herausbekam. Erstaunt, niedergeschmettert und resigniert war ich bereit, in den sauren Apfel zu beißen, ohne Abscheu, ohne Protest, ohne Feindseligkeit. Diese neue Situation war nämlich schon schwer genug für meine Deutschkenntnisse. Doch eine Diskussion entwickelte sich zwischen meinen beiden unheimlichen Begleitern:

Die Dame:	„Woher willst du das wissen? Es sind nicht immer dieselben Personen, die du auf der Straße siehst. „
Der Mann:	„Doch, ich kenne einen, der wohnt in meinem Haus seit fünfzehn Jahren. Der kam aus Afrika für ein angebliches Austauschstudium. Es war die Universität, die auf meine Anzeige reagiert hatte, da ich meine Wohnung vermieten wollte.

Es hieß damals: „Wir haben einen Austauschstudenten aus Afrika und suchen für zwei Wochen eine Unterkunft für ihn.". Da meine Wohnung sowieso frei war, hab' ich gedacht: „besser zwei Wochen als gar nichts. Bis ich einen richtigen Mieter finde, konnte er bei mir wohnen". Überwältigt von der Lage des Neuankömmlings hatte ich sogar mit dem Gedanken gespielt, ihn zu überraschen, wenn er auszog, indem ich auf die Miete verzichtete. Ein unkontrollierbarer Instinkt von Gastfreundschaft ließ mich eine Weile denken: „Ein Student aus Afrika könnte das Geld besser als ich gebrauchen". So hat er auch am Anfang gesagt: „Ich fliege in zwei Wochen zurück".

Dabei wollte ich nur behilflich sein, als ich ihn fragte, ob er seine Zahnbürste dabeihatte. „Nein" hieß es damals. „Ich bleibe sowieso nur zwei Wochen. Ich habe diese pflanzlichen Zahnbürsten", sagte er mir und zeigte mir genau vierzehn aus Holz klein geschnittene Stöckchen, die für mich wie Riesenzahnstocher aussahen. Meine angestachelte Neugier konnte ich allerdings ganz

87

schnell stillen lassen, nachdem ich morgens beobachten konnte, wie er diese „pflanzlichen Zahnbürsten", wie er sie nannte, kaute und seine Zähne damit sauber putze, ohne sich zu verletzen. Das sah wie eine gelernte Kunst aus.

Aber kommen wir zu seinem angeblichen Austauschstudium zurück. Bevor er alle seine Zahnbürsten fertig kaute, kam er eines Tages mit derselben Frau zu mir, die ihn das erste Mal zu mir gefahren hatte. Sie fragten mich, ob er noch einen Monat bei mir wohnen konnte. Natürlich hatte ich kein Problem damit. „Solange ich keinen Mieter finde, kann er als Zwischenmieter hierbleiben", sagte ich. Auf meine geplante Überraschung hatte ich natürlich nun verzichtet. Fassungslos wie ich war, sah ich nicht mehr ein, warum ich einen Unbekannten, sei er auch Student aus Afrika, in meiner Wohnung mehr als einen Monat lang kostenlos wohnen lassen sollte. Deswegen verlangte ich sogar von ihm, dass er die Kaution hinterließ. Er war natürlich auch damit sofort einverstanden, da er bestimmt schon wusste, dass er nirgendwohin gehen wollte.

Der Mann ist noch da in meiner Wohnung. Nach fünfzehn Jahren. Vom Austauschstudium ist niemals mehr die Rede gewesen. Er ist noch da, hat nicht studiert. Geheiratet, das hat er. Und zwar dieselbe Frau, die ihn das erste Mal zu mir gefahren hatte. Seitdem wohnen sie bei mir, er und seine Frau. Und jetzt haben sie vier Kinder und wohnen noch immer bei mir. Seit mehr als zehn Monaten ist der Mann arbeitslos und zahlt meine Miete immer mit Verspätung. Verärgert hab' ich ihm gesagt, ich werde ihn nach Afrika zurückschicken, wenn er meine Miete nicht zahlt".

Entgeistert durch diese Unterhaltung über meine angeblichen Absichten hatte ich die ganze Zeit dem unbekannten alten Mann nur zugehört und konnte nichts sagen. Verwirrt hatte ich meine deutsche Sprache vergessen und hatte wirklich keine Lust mehr, darüber zu diskutieren. Als die Dame nach Argumenten suchte und mich nach der politischen Lage in meiner Heimat fragte, antwortete ich nur: „Ich verstehe nicht.".

Diese lakonische Antwort war allerdings für den alten Mann zu viel. Denn er zeigte sich empört über diese Äußerung von mir: „Siehst du? Wenn sie lügen,

89

dann verstehen sie plötzlich kein Deutsch mehr. Er lügt. Der junge Mann lügt".

Heute muss ich leider die Worte des unbekannten alten Mannes doch eingestehen. Denn auch wenn es unvorhergesehen war, bin ich doch geblieben."

Nachdem ich Jakubu die ganze Zeit aufmerksam zugehört hatte, mal mitleidig, mal mit einem gewissen Revolteinstinkt, mal empört, beschloss ich endlich die Stimmung aufzulockern. Ich sagte: „Jakubu, ich will dich nicht unterbrechen. Aber du kennst ja meine eigenen Erfahrungen. Meine Liebe zu Deutschland stammt nicht von ungefähr. Und darum bin ich überhaupt hierher zum Studium gekommen. Damals hätte ich gleichzeitig zwei Stipendien bekommen können, einmal eins von meinem Heimatland und einmal eins in Holland - unter der Voraussetzung, dass ich in Amsterdam Milchproduktionstechnik studiere. Beleidigt durch diese Bedingung lehnte ich alle Angebote ab und kam aus eigener Initiative und auf Kosten meiner Eltern, nach Deutschland. Ich wollte auf keinen Fall nach Amsterdam. Wie konnte ich denn auch? Ich, der damals größte Verehrer und Bewunderer von Franz Beckenbauer und somit ein unermüdlicher Fan vom FC-Bayern München und der deutschen Fußballmannschaft.

Die Rivalität, die zwischen Deutschland und Holland herrschte, war damals schon ein Teil meines Lebens, und ich fieberte wie in Trance mit, wenn die Tore im Netz der Holländer landeten. Als ich in der Abschlussklasse im Gymnasium war, schrieb ich den Namen meines Idols auf den Sportstrikot: „FRANK BÈKÈNBAWA". Dafür ließ ich mich ein Jahr lang in die Schularbeitsgruppe „Kalligraphie" einschreiben. Nur um den Namen meines Idols auf mein Trikot drucken zu können. Wie der Name richtig geschrieben wird, wie er richtig gesprochen wird, dass ich selbst ein so schlechter Fußballer war - und zwar kein Defensivmittelfeldspieler, sondern ein Verteidiger - das alles war mir egal. Die Hauptsache war, dass ich mich mit Beckenbauer identifizierte. Konnte ich mir in dieser Konstellation ganz im Ernst erlauben, in Holland zu wohnen? Das fand ich unvorstellbar.

Jedenfalls entschied ich mich für Deutschland. Koste es was es wolle. An dem Tag, an dem ich mein Visum fürs Studium bekam, bestand der erste Traum, dem ich nachgehen wollte, selbstverständlich nicht darin, mich direkt an meine Universität zu begeben und die Immatrikulationsformalitäten zu erfüllen, sondern mir sobald es möglich war, ein richtiges Trikot vom F.C Bayern zu beschaffen und mich in ein Stadion zu begeben, in dem Beckenbauer spielte, um La-Ola-Wellen mitzuerleben und mitzujubeln, wenn mein Idol ein Tor schoss.

Am Flughafen von Frankfurt am Main gelandet - nachdem ich meinen Reisekoffer hatte fallen lassen und mir dadurch eine blutende Verletzung am linken Knie zugefügt hatte, weil ich den Balanceakt der Rolltreppen nicht beherrschte - erkundigte ich mich tatsächlich nicht nach einem Pflaster, sondern zuerst danach, wann der FC-Bayern München spielte. Ich war nicht nur enttäuscht und entsetzt, sondern fand es einfach unvorstellbar, dass der Mann an der Information tatsächlich keine Ahnung davon hatte. Er sagte: „Junger Mann, das weiß ich nicht. Aber ich kann Ihnen sagen, wie Sie nach München fahren können".

Je mehr Zeit verging, desto mehr Enttäuschungen musste ich erleben. Ich musste zum Beispiel erfahren, dass ich eine Eintrittskarte für die Spiele vom FC-Bayern vorbestellen musste, dass meine Universitätsstadt sehr weit weg von München war, dass ich höchstwahrscheinlich dort der einzige Bayern-Fan war und dass die Leute andere - größere Sorgen hatten, als mit mir vor dem Fernseher belanglos mit zu fiebern. Meine Enttäuschung war so groß, dass ich mein Idol ganz und gar aus den Augen verlor. Auch der elfte September, der Geburtstag meines Idols, spielte keine Rolle mehr. So musste ich mich später ganz schön blamiert fühlen, als ich ausgerechnet von einem großen Bewunderer der niederländischen Fußballnationalmannschaft erfahren musste, dass mein Beckenbauer längst nicht mehr in Bayern spielte, wie ich die ganze Zeit dachte, sondern in New York. Warum habe ich dir das alles erzählt? ... Ja, damit du weißt, dass meine Liebe zu Deutschland eine lange Geschichte hat. Obwohl ich mittlerweile

Bayern und Beckenbauer fast vergessen habe, bin ich heute noch von diesem Land bezaubert."

Ich wollte durch meine Geschichte erreichen, dass Jakubu nicht den Eindruck gewann, unsere Unterhaltung sei ein Monolog. Soweit ich allerdings feststellen konnte, war mein Freund ohnehin an keinem wechselseitigen Gespräch interessiert. Das Einzige, was er brauchte, waren zwei Ohren. Und seine Darstellungen brauchten keine Erlaubnis, um meine Gehörgänge zu durchbohren. Soweit ich aus dem entspannten Gesichtsausdruck von Jakubu entnehmen konnte, war mein Ziel jedoch erreicht, denn er lachte aus vollem Hals über meine Story. Allerdings schaffte die aufgelockerte Stimmung es nicht, ihn langfristig von seiner merkwürdigen Gedankenrichtung abzulenken. Stattdessen konnte er seine ganze Beredsamkeit aufbieten, um den Fortlauf seines Lebens zu erzählen. Ihm fiel nämlich plötzlich ein, dass er mir von den Umständen erzählen wollte, unter denen er seine Arbeitsstelle verloren hatte.

Der Arbeitslose

*leibt der Gast zu lange, so bekommt er nur Ge-
müse zum Abendessen"*. Ja, mein Guter, diesen
Spruch aus dem Volksmund habe ich bei der
Firma „Schumann" bestätigt bekommen. Wie
ich schon sagte, konnte ich am Ende der Ferien
meinen Vertrag verlängern und sogar eine feste Stelle
bekommen. So wurde ich in eine Abteilung geschickt,
in der meine Mitarbeit alles andere als willkommen geheißen wurde. Da ich der einzige Schwarze da war,
wurde ich - zumindest am Anfang - nicht wie das einzige Perlenstück am Strand, sondern vielmehr wie ein
Haar in der Suppe betrachtet. Jeden Tag musste ich darauf warten, bis alle eine Maschine zugeteilt bekamen,
bevor ich selbst eine bekam. Meistens bekam ich die
Maschine, die am wenigsten einwandfrei funktionierte.
Aber weißt du Barka, man vergisst immer eine Sache:
alle unsere Taten, auch die übelsten, haben auch eine
positive Seite. Mit der Zeit konnte ich mit allen Maschinen arbeiten und fast alle kleinen Reparaturen selbst erledigen, so dass sämtliche Mitarbeiter vorwiegend auf
mich angewiesen waren.

Einer der Leute, mit denen ich von Anbeginn
kein leichtes Verhältnis hatte, war ausgerechnet mein
erster Chef. Wie ich von den anderen Mitarbeitern

mitbekam, war er mit seiner Stelle als Abteilungsleiter nicht zufrieden. Er war verbittert, weil er die Stelle des Generalmanagers nicht bekommen hatte. Als Absolvent einer amerikanischen Universität, der einen MBA (*Master of Business Administration*) besaß und auch noch mit einem der Vorstandsmitglieder verwandt war, nahm er es für selbstverständlich, dass er die Leitung des Betriebs bedingungslos übernehmen sollte. Doch der Vorstand war der Meinung, eine Mannschaft die gewinnt, sollte man nicht auswechseln. Da die Geschäfte in der Tat damals blühend liefen, gab es keinen einzigen Grund, den damaligen erfahrenen Manager zu wechseln. So musste unser Freund Franz Josef - so hieß der Gute - sich mit der Stelle eines Abteilungsleiters begnügen. Im Prinzip war es nicht seine Aufgabe, mich zu belehren, sondern die des Schichtführers. Aber der Mann hatte es sich zur Aufgabe gemacht mich - auf gut Deutsch - unter die Lupe zu nehmen.

Schon in der ersten Woche hatte ich bitter bemerkt, dass die Maschine, die ich bedienen durfte, nichts Anderes als eine Bestrafung war. Damals als Ferienarbeiter hatte ich sogar bessere Arbeitsbedingungen. Stell dir vor, ich hatte bei einer Arbeit, in der Millimeterpräzision verlangt war, nicht einmal ein Messgerät zur Verfügung gestellt bekommen. Als ich hier ankam, gab es mindestens drei unterschiedliche Messgeräte. Ein Bandmaß, ein elektronisches und ein manuelles Metermaß. Plötzlich waren alle drei verschwunden und ich bekam von meinem Chef zu hören: „Wenn du messen musst, geh einfach zum Nachbartisch!".

Außerdem musste ich zu meiner Überraschung feststellen, dass sowohl mein Computer als auch mein Drucker nicht nur so alt aussahen, sondern auch viel zu langsam liefen. Du musst es dir folgendermaßen vorstellen: jeder Mitarbeiter musste die Aufträge aus dem Computer ausdrucken, die Maschinen programmieren und unterschiedliche Größen und Formen von Autoauspuffen produzieren. Da mein Computer so langsam war, musste ich mindestens viermal so viel Zeit wie die anderen Mitarbeiter verschleudern, um dieselbe Zahl von Aufträgen zu bearbeiten. Obwohl ich kein Akkordarbeiter war und mein Lohn ausschließlich davon abhing, wie viel Zeit ich in der Firma verbrachte, war mir schon klar, dass ein längerer Aufenthalt in der Firma davon abhing, wie produktiv ich war. Und eine Kündigung konnte ich mir damals nicht leisten. Als ich bemerkte, dass mein Computer mich bei der Arbeit eher hinderte, wendete ich mich mit folgender Bitte an meinen Chef: „Herr Josef, kann ich meine Aufträge aus einem anderen Rechner ausdrucken? Mein Computer ist zu langsam".

- „Mein Lieber.", mokierte mein Gesprächspartner „Was willst du von mir? Soll ich dem Computer etwa befehlen, er soll sich deinem Rhythmus anpassen? Das können unsere Geräte noch nicht. Vielleicht sind bei dir zu Hause die Computer schon so weit - in deiner Heimat. Hier bei uns muss sich der Mensch leider immer noch der Geschwindigkeit der Maschine anpassen, und nicht umgekehrt. Wenn du verstehst, was ich meine."

Natürlich hatte ich verstanden, was er meinte. Aber das mit meiner Heimat hatte ich als einen Scherz verstehen wollen. Bei allem Verständnis für die Macht der Witze musste ich allerdings ganz schnell zur Realität zurückkehren: Der Mann wollte einfach nichts mit meiner Mitarbeit zu tun haben. Wäre er der Personalleiter, wäre ich gar nicht eingestellt worden. Das musste ich dann das zweite Mal, als ich ihn etwas fragen wollte, auf eigene Kosten erfahren.

In meiner Erfahrungslosigkeit hatte ich den Kranfahrer nicht vorher bestellt, ehe ich mit den ersten Aufträgen fertig war. Schwer verblendet durch meinen eigenen Glauben an das Axiom von Henry Ford über die Produktionsmaximierung durch die Arbeitsteilung am Fließband, ging ich selbstverständlich davon aus, dass der Kranfahrer von selbst zu mir kommen würde bevor ich mit den zweiten ausgedruckten Aufträgen fertig war. Leider war das nicht der Fall, und alle Teile an meinem Arbeitsplatz blieben genau da liegen wo sie waren, so dass ich nicht weiterarbeiten konnte. Erst dann kam ich auf die Idee, einen Arbeitskameraden zu fragen, wie es mit dem Kran lief. Von diesem Kollegen bekam ich erklärt, dass ich den Kran per Telefon vorbestellen sollte. So musste ich nach dem Kranfahrer verlangen, der mir versicherte, in einer Weile vorbeizufahren. Eine Weile,

97

so stellte ich später fest, dauerte bei unserem Kran manchmal bis zu einer Stunde. Deshalb bekam ich den Ratschlag, ein paar Behälter auf eine Palette zu stellen und sie dann mit dem elektronischen Gabelstapler ins Lager zu fahren. Da ich allerdings mit einem solchen Fahrzeug niemals zuvor gefahren war, gab mir der hilfsbereite Mitarbeiter den Tipp, mich des manuellen Hubwagens zu bedienen. Als ich ins Lager kam, war mein Freund Franz Josef die einzige Person, die dort anwesend war. So musste ich mich noch einmal an ihn wenden: „Entschuldigung! Wo kann ich diese Teile stellen?". Mein Gegenüber hatte sich nicht einmal Mühe gegeben sich umzudrehen und zu sehen, wer mit ihm sprach. Am Tonfall und an der Grammatik wusste er schon, wer da war. Als Antwort ließ er mir dann ein „Leck mich am A...!" fallen.

Seine tatsächliche Laune konnte ich nicht beurteilen, da er mich gar nicht angeschaut hatte. Doch ich verstand, dass ich mich so schnell wie möglich von dort verziehen sollte, um zu vermeiden, dass etwas passierte. Schließlich waren wir nur zu zweit im ganzen Lager. Also fand ich doch einen Platz für meine Behälter und lief rasch wieder davon. Diese Begegnung war allerdings nicht die letzte an diesem Tag. Denn kurz vor dem Schichtwechsel kam wieder mein Chef zu mir und beschwerte sich, dass ich zu wenige Teile produziert hatte. Spätestens zu diesem Zeitpunkt wurde mir klar, dass der

Chef keineswegs daran dachte mir weder Ruhe noch Rast zu lassen.

Zu meinem Glück, - vielleicht war Josef auch meines Glückes nicht ganz unschuldig - wurde ich schon am folgenden Tag in eine andere Abteilung versetzt. Und kurz danach wurde Franz Josef doch Generalmanager, da sein Vorgänger in einer Autokarambolage tödlich verunglückte. Wie es immer so schön heißt: *„Des einen Freud, des anderen Leid"*. Obwohl sich unsere Wege damit für eine lange Zeit trennten, wusste ich, dass diese Beförderung meines Henkers nichts Gutes für mich vorzeichnen würde. Und so kam es, dass unsere nächste Begegnung auch die letzte war und in meiner Kündigung endete.

Mein Unglück fing eines traurigen Montagvormittags an. Eine Woche vorher hatten wir ein externes *Audit* und deshalb wurde ausnahmsweise an diesem Montag unerwartet eine Betriebsversammlung aufgerufen. Uns war klar, dass die Lage sehr ernst zu nehmen war. Wir wussten, dass Franz Josef das Boot nicht unter Kontrolle hatte. Da es aber so schnell den Bach runter gehen konnte, war ein Schock für uns alle.

Das Thema war mehr als bitter. Auf der Tagesordnung stand das neue Managementkonzept. Nachdem geklärt wurde in welcher Lage sich unser Unternehmen befand kam die Frage auf, ob denn der Generalmanager etwas zu seiner Verteidigung zu sagen hätte. Der unverschämte Franz Josef sah in den Abteilungsleitern die Schuldigen seines eigenen Misserfolges. Er warf ihnen einen Mangel an Kooperation vor. Und wie es immer der Fall ist, musste das Unkraut darunter leiden, dass die Elefanten kämpften. Die Abteilungsleiter warfen ihrerseits den Schichtführern vor, die Mitarbeiter nicht effizient genug zu organisieren. Zum Schluss fragte der mächtige Generalmanager die Mitarbeiter nach Vorschlägen, wie wir dachten, die Lage verbessern zu können.

Vielleicht dachte Franz Josef wir wären schon genug eingeschüchtert, sodass keiner wagen würde, zu sprechen, geschweige denn Vorschläge zu machen. Doch es kam anders. Es hagelte Vorschläge von allen Seiten - die einen mehr oder weniger dumm als die anderen. Die Einen schlugen vor, neue Arbeitskräfte einzustellen, weil die Mitarbeiter immer älter wurden. Die Anderen glaubten zu wissen, dass die Maschinen zu alt seien und nicht nur regelmäßige Reparaturen bräuchten, sondern richtige Modernisierung und Automatisierung.

Auch ich konnte mich zu Wort melden. Obwohl ich die Erfahrung mit dem langsamen Computer gemacht hatte, schien mir die Modernisierung der ganzen Maschinen keine überzeugende Idee im Zeitalter der Krise und schlechten Konjunktur. Deswegen machte ich mich zum Verteidiger der Arbeiterschaft und erwähnte meine Beobachtung der Arbeitsbedingungen, die ich mit den Augen eines studierten Betriebswirtschaftlers

100

gemacht hatte. Dazu muss ich sagen, dass ich damals schon mein Vordiplom in Betriebswirtschaftslehre hatte. Jedenfalls nannte ich einige Beispiele von Zeit- und Arbeitskraftvergeudung, die meines Erachtens korrigiert werden könnten. Unter anderem erwähnte ich, dass ein einziger Kran für die Versorgung der ganzen Firma zu wenig war, und dass der einzige Mitarbeiter, der hier überfordert wurde, eigentlich der Kranfahrer war. Befeuert durch die offenen Ohren meiner Zuhörer erzählte ich sogar, dass die Mitarbeiter manchmal stundenlang auf den Kranfahrer warten mussten. Mein Fazit war, dass alle Mitarbeiter täglich alles gaben, was sie konnten und unter den rechten Umständen auch bereit waren das weiter zu tun, damit die Firma wieder glorreiche Tage bekam. Mit dem Ton eines Gewerkschafters forderte ich die Bosse heraus, weitere Kräne zur Verfügung zu stellen und versprach ihnen, sie würden dann sehen, wie rasch die Aufträge erledigt werden würden.

Ich wusste ganz genau, dass ich somit das Blaue vom Himmel versprochen hatte. Mein engagiertes Plädoyer bekam immerhin die Zustimmung der Arbeitskameraden, und ich konnte Beifall von einem begeisterten Publikum ergattern. Auch die anwesenden Vorstandsmitglieder waren offensichtlich von meiner Demonstration beeindruckt und nahmen meine Herausforderung sehr ernst. Und genau so bekam der Generalmanager die

Anweisungen, unverzüglich zwei weitere Hebemaschinen zu bestellen.

Am folgenden Arbeitstag sollte ich allerdings meine Stelle verlieren. Es war der Tag meiner letzten Begegnung mit Herrn Franz Josef. Der supermächtige Generalmanager war – wegen der, wie er es sagte: „Inszenierung von gestern" -sehr wütend auf mich. Er deutete spöttisch an, dass ich als Studierter Jahre gebraucht hatte, um ein Problem zu diagnostizieren, das jeder Lehrling schon am ersten Tag erkannt hätte. Empört drückte er sogar aus, sämtliche Mitarbeiter würden Bescheid wissen, dass der Kran der einzige Schwachpunkt im Betrieb war und niemand habe gewagt, darüber zu sprechen. Seiner Meinung nach soll ich diese Vorschläge in der Öffentlichkeit gemacht haben, weil ich ihn damit für dumm verkaufen wollte.

Als ich versuchte, ihn daran zu erinnern, dass er uns nach Vorschlägen gefragt hatte und dass ich im Übrigen nicht der Einzige war, der Vorschläge gemacht hatte, wurde der Chef noch wütender, aggressiver, streitsüchtiger und schrie wie ein verhungerter bissiger Hund. Seine Worte gellten mir wie heiße Steine direkt durch die Ohren. Durch seine Wortfetzen überwältigt, erkannte ich ihn nicht mehr wieder. Ich war fest entschlossen seinen Wutausbruch zu kassieren, ohne zu reagieren, ohne zu widersprechen, ohne meinerseits jähzornig zu werden. Seine Augen waren rot vor Wut und sein Blut schien in den Adern zu erstarren die plötzlich blau auf seinem Gesicht hervortraten. Seine Worte hallen noch heute in meinen Ohren nach, wenn ich von diesem Zwischenfall erzähle. Die kurze Unterhaltung verlief etwa folgendermaßen:

Er: „Herr Yankee, oder wie Sie heißen! Ich kann auf Ihre Mitarbeit verzichten. Wissen Sie das?"

Ich: „Ich heiße Tschinku! Jakubu Tschinku Wagner."

Er: „Es ist mir piep egal, ob Sie Wagner oder Beethoven heißen. Sie müssen aufpassen"

Ich: „Aber Chef, ich verstehe nicht. Was habe ich denn verbrochen?"

Er: „Nennen Sie mich nicht Chef. Was Sie angerichtet haben? Du weißt nicht, was du verübt hast? Wissen Sie überhaupt wer ich bin? Kennst du mich, du alte Butterbirne?

Plötzlich verstand ich, worum es hier ging: es war eine Kampfansage. Normalerweise wurde ich von ihm geduzt und er wusste ganz genau, wie ich heiße. Nun siezte er mich und duzte mich gleichzeitig und beschimpft mich, weil er sich nicht mehr kontrollieren konnte. In diesem Moment verlor ich auch die Kontrolle, dachte mir *„Auge um Auge, Zahn um Zahn"* und antwortete mit dem gleichen Tonfall wie mein Kontrahent:

103

Ich: „Ja! Ich weiß, wer Sie sind. Sie sind doch Josef, der Vater von Jesus. Oder Josef Goebbels, der Gehilfe von Hitler. Treffen Sie Ihre Wahl aber hören Sie auf, mich zu beschimpfen und mich durch solche billigen Tricks einzuschüchtern zu versuchen."

Er: „Halt den Mund, du schwarzer Affe! Ich verbiete dir, mit mir in so einem Ton zu sprechen. Niemals! Wer glaubst du, dass du bist? Meinst du, du bist der allerintelligenteste Mitarbeiter von dieser Firma? Du hast sogar kein Schamgefühl, vor allen Kollegen von deinem Vordiplom in BWL zu sprechen. Wie lächerlich! Meinst du, du kannst unsere Wirtschaft und unsere Industrien mit deinem Vordiplom sanieren? Warum bleibst du nicht dort zu Hause bei dir, in Afrika, um die Wirtschaft aufzubauen, wenn du so clever bist? Halt den Mund, du verdammter Neger..."

Ich weiß nicht mehr, was er noch gesagt hat und was inzwischen alles passiert war. Das Einzige, woran ich mich noch erinnern konnte, war, dass wir uns beide am Boden befanden, er unten und ich oben auf ihm. Heute kann ich mich noch daran erinnern, dass ich erst nach einer Weile verstanden hatte, was da passiert war. Und ich erwischte mich selbst dabei, wie ich ihn um Verzeihung bat. Josef hingegen begnügte sich damit, sich einen Ast zu lachen - von einer Tollerei, die durch sein sarkastisches Grinsen noch bekräftigt wurde. Von seinem Mund konnte ich nur noch einen quälenden Hauptgedanken mitbekommen: „Herr Tschinku, Sie sind gefeuert. Ich werde persönlich dafür sorgen, dass Sie bei uns nicht mehr arbeiten. Und wenn ich bei uns sage, meine ich bei uns in Deutschland. Ehrenwort ...".

Ausgesprochen wurde das Ganze in dem Ton eines Soldaten, der endlich das seit Jahren erstrebte Kommando fand. Durch diesen standhaften Tonfall verstand ich, dass es ernst gemeint war, und dass mir wirklich gekündigt worden war. Und ohne auf meinen blauen Brief, das schmerzhafte Kündigungsschreiben, zu warten, packte ich meine Sachen und verschwand vom Betrieb, ohne einen weiteren Ton von mir zu geben.

Unter diesen Umständen verlor ich meine erste Arbeitsstelle. Uta schlug vor, eine Klage gegen ihn zu erheben, aber ich war mir dessen bewusst, dass ich ganz sicher sowieso verlieren würde. Vor dem Betriebsrat wusste ich freilich nicht, wie ich mein Verhalten erklären konnte. Problemlos konnte ich meiner Frau begreiflich machen, dass eine Klage von meiner Seite die Sache nur noch schlimmer machen und gleichzeitig Herrn Franz Josef dabei helfen würde, seine letzte Drohung umzusetzen. Alle Arbeitgeber würden erfahren, dass ich meinen Chef tüchtig verprügelt hatte und somit würde ich tatsächlich alle meine Chancen auf dem Arbeitsmarkt verspielen. Immerhin hatte Franz Josef keine

Klage gegen mich erhoben, und ich sollte mich darüber glücklich schätzen. Von den damaligen Kollegen erfuhr ich dann irgendwann nur, dass die Vorstandsmitglieder bei der nächsten Betriebsversammlung nach „unserem dynamischen Mitarbeiter" gefragt hätten. Franz Josef hätte daraufhin behauptet, ich hätte ein besseres Angebot in Afrika bekommen und hier regelrecht gekündigt.

Ich versprach mir in der Folge, so rasch wie möglich eine neue Arbeit zu finden. Die fand ich allerdings erst nach drei Monaten. Acht Monate vor meiner Arbeitslosigkeit hatte mir meine Bank aber einen Kredit gewährt, damit ich unser Auto kaufen konnte. Also waren mit drei Monaten Arbeitslosigkeit die Zinsen dafür bereits unermesslich hoch. Ach! Die Kreditinstitute, die haben kein Mitleid. Sobald ich arbeitslos wurde, bekam ich einen weiteren Kreditvorschlag von meiner Bank. Es hieß, damit ich meine vereinbarten Raten zahlen, mein Darlehen ablösen und sogar mein Girokonto ausgleichen kann, musste ich einen weiteren Kredit aufnehmen. Diese Tricks waren mir irgendwie bekannt und ich wusste ganz genau auf welchen labyrinthischen Weg ich mich somit begeben würde. Da ich gezögert hatte, diesen Schritt zu wagen, fing meine eigene Bank an, mir sowohl auf meinem Dispositionskredit als auch auf meinem Girokonto mit höheren Zinsen zu drohen.

Jedes Mal beschwor ich, dass ich Arbeit finden würde, was der Bank als Argument natürlich nicht reichte. Dort heißen die einzigen Argumente Geld,

Giralgeld, Buchgeld, überwiesenes Geld, Bargeld in Schnitten, Papiergeld in knallenden Scheinen, Noten in Form von klingenden und vollwichtigen Hartmünzen. Mit Versprechungen kam ich natürlich nicht durch. Eines Tages machte ich mich dort lächerlich, als ich die Sachbearbeiterin fragte: „Sie kennen mich nicht mehr? Sie wissen doch, dass ich meine Raten immer regelmäßig bezahlt habe". Daraufhin bekam ich einen Sarkasmus als Antwort: „Natürlich kenne ich Sie noch. Aber in meinem Beruf spielt es keine Rolle, wer Sie waren. Wer Sie werden, ist gut. Aber wer Sie sind, das ist noch besser".

Je größer mein Schuldenberg wuchs, desto unmöglicher war es für mich, gegen die Erhöhung des Zinssatzes zu klagen. Am Ende vom dritten Monat war sogar schon die Rede von der in Beschlagnahme meines Autos. Gott sei Dank bekam ich aber rechtzeitig Arbeit, bevor die Bank ihre Drohung in die Tat umsetzen konnte. Allerdings war ich schon schwer verschuldet und konnte meinen eigenen Haushalt immer weniger aufrecht erhalten. Dort fingen meine Schwierigkeiten in der Ehe an, und ich konnte mich nicht mehr auf meine Arbeit konzentrieren. Bei aller Beharrlichkeit wusste ich ganz genau, dass ich unzuverlässig geworden war. Kein Wunder, wenn ich immer wieder eine Kündigung von meinen unterschiedlichen Arbeitgebern in die Hand gedrückt bekam, bevor ich drei Monate gearbeitet hatte und wieder mit einer neuen Phase der Arbeitslosigkeit anfangen musste.

Es gab kaum eine Arbeit, die ich noch nicht ausprobiert hatte. Ich war nacheinander Baustellenhelfer, Prospektverteiler, Zeitungszusteller, Umzugshelfer, Gartenarbeiter, Spargelstecher, Lagerarbeiter, Speditionshelfer, Clown, Nikolaus, die Liste ging schier endlos weiter. Mal war es Teilzeitarbeit, mal war es eine Vollzeitbeschäftigung, aber nie bekam ich ein Dauerarbeitsverhältnis. Meine längsten Verträge waren die, die mit körperlich schwerer Arbeit verbunden waren. Die dauerten manchmal sogar drei Monate. Mir kommt da gerade eine kurze Unterhaltung in Erinnerung, die ich eines Tages mit einem Polizeibeamten geführt hatte - damals als ich bei einer Möbelspedition arbeitete. An besagtem Tag musste ich zusammen mit dem Lkw-Fahrer einen ganzen Lastkraftwagen voll Möbeln abladen und das Treppenhaus hinauf bis in den vierten Stock tragen, da kein Aufzug im Gebäude vorhanden war. Da kam ich auf die abwegige Idee, meinen Kummer mit einem treppensteigenden Polizisten zu teilen:

Er: Hi! Schwere Arbeit, he?

Ich: Das können Sie laut sagen. Das übelste sind die Schmerzen im Kreuz! Beschwerden des Alters, wissen Sie?

Er: Ja, ich weiß. Deswegen habe ich mir eine leichtere Beschäftigung rausgesucht.

„Danke! Deine Anteilnahme ist rührend. Das beruhigt mich aber.", dachte ich mir, empört über so viel frechen Sarkasmus. Der Polizist lief dann schnell davon, jedoch nicht ohne mir viel Spaß bei der Arbeit gewünscht zu haben.

Meine kürzesten Verträge waren die, bei denen ich Kontakt zu Kunden hatte. Mein Rekord was schnelle Entlassungen anging, lag bei fünf Minuten. Damals bekam ich einen Vertrag als Altenpfleger, der nach fünf Minuten rückgängig gemacht wurde, da sämtliche Senioren sich von mir als Pflegekraft nicht betreuen lassen wollten.

Bis heute ist es mir niemals mehr gelungen, eine feste Arbeitsstelle zu bekommen, seitdem ich von der Firma „Schumann" weg war. War das die Verwirklichung des Fluches, den mein Freund Franz Josef ausgesprochen hatte? Nein, meine Situation, so bejammernswert sie ist, hat nichts, aber gar nichts, mit der Einwirkung von Josef zu tun. Er sagte, ich würde niemals mehr in Deutschland arbeiten? „Bei uns" sagte er. Was heißt bei uns? Bin ich etwa kein Deutscher mehr? Ich bin auch hier zu Hause. Und ich habe doch gearbeitet. Fakt ist, ich bin nicht mehr produktiv gewesen.

Ja, mein Lieber, auf diese Art und Weise bin ich so widerlich, ekelhaft und abscheulich geworden. Es gab sogar eine Zeit, da ich der Verlockung erlag, wieder in die Kirche einzutreten und die Hilfe Gottes zu suchen.

Und wenn ich das bisher nicht gemacht hatte, dann nur deswegen, weil ich mich schämte. Hauptsächlich schämte ich mich nicht vor Gott, sondern vor der kirchlichen Gemeinde meines Wohnortes. Stell dir vor, ich bin nur einmal beim Gottesdienst gewesen, seitdem ich hier bin, und das war am Tag meiner Hochzeit. Danach lief alles prima und ich hatte keinen innerlichen Drang mehr gefunden, mindestens sonntags zum Gottesdienst zu gehen. Bis in die Seele verwünscht wie ich war, hatte ich nämlich festgestellt, dass die meisten Leute, die dorthin gingen, Menschen der dritten Generation waren. Deswegen wollte ich gar nicht in die Versuchung geraten, die Sitzplätze unserer kleinen Dorfkapelle mit älteren Leuten teilen zu müssen. Ehrlich gesagt hatte ich mich sogar - unheilbar krank wie ich war - selbst gefragt, ob das gemeinsame Gebet die beste Lösung war?

Ich hatte mich an die Erbauungsrede eines Piloten erinnert, der eigentlich ein Antiklerikaler war. Die Rede hatte ich eines Tages im Radio mitverfolgt. Der Pilot erzählte, er sei seelisch so weit entwickelt, dass er keine Kirche brauche, um in Kontakt mit seinem Gott zu treten. Um zu beweisen, dass ein gutes Gebet der Anwesenheit in der Kirche nicht bedürfte, erzählte er Folgendes: „Stellen Sie sich vor, Sie gehen in die Kirche in einer Zeit der wirtschaftlich schlechten Konjunktur. Welches gemeinsame Gebet soll dann an Gott gesendet werden. Das des Armen, der sich gewiss wünschen würde, dass sich die Situation so rasch wie möglich verbessert, oder das des zwielichtigen Geschäftsmannes, welcher Interesse daran hat, dass die Lage so bleibt, wie sie ist, damit er weiter die Eigentümer, Wohnungen und Besitztümer der Anderen ganz billig kaufen kann? ...".

Ich muss erstmal klarstellen, dass ich diese Überlegung damals albern fand. Doch als ich in meiner schwierigen Lage daran denken musste, fand ich doch ein Stück Logik in der Argumentation des Piloten. Ich fragte mich direkt albern, ob es nicht besser wäre, allein in meinem Schlafzimmer ein Gebet zu sprechen und meinem Gott meine Sorgen und Kümmernisse anzuvertrauen. Das war mein Entschluss. So blieb ich allein mit meinen hoffnungslosen Träumen von einer festen Stelle, in meine Ecke gedrängt und in meiner Ichbezogenheit verstärkt. Eines Tages sagte ich „mir reicht's!". Ich hatte die Nase voll vom hin und her arbeiten, vom ab und zu Schaffen, von den unzähligen Arbeitgebern, vom Flehen, vom Beten. Ohne Mitleid gestand ich mir in meinem tiefsten Inneren: „ich kann nicht mehr!". Wie bei einem Waffenstillstand kapitulierte ich, gab auf und fand mich mit der Dauerarbeitslosigkeit ab ... Aber ich bin entschlossen, geradeso durchzukommen, ohne Zukunftsperspektive, ohne Projekte weiterzuleben. Einigermaßen werde ich mich schon durchs Leben schlagen. Ich beklage mich gar nicht. Ich will nicht weglaufen. Hier bin ich zuhause, gut oder schlecht, das ist mein Schicksal.

111

In diesem Moment hatte ich Jakubu nicht mehr zugehört. Durch seine Überlegungen in die Unaufmerksamkeit getrieben, wusste ich nicht, ob er weitergesprochen hatte. Ich war plötzlich in meiner eigenen endlosen Besonnenheit verwickelt. Die Kluft, die mein Freund zwischen sich selbst und seinem Gott beschrieben hatte, brachte mich in eine uferlose Besonnenheit. In meinen Träumereien ging es um ein menschenähnliches Wesen, eigentlich ein Geschöpf der Wissenschaft und der Technik. Eine Kreatur, die von sich in der ganzen Welt reden machte. Dieses Lebewesen war ungefähr anderthalb Meter groß und wurde Diko benannt, nach dem Namen seines Herstellers. Diko hatte die Gestalt eines jungen Mannes, besaß alle männlichen Funktionsorgane, konnte also essen, verdauen, auf die Toilette gehen, atmen, laufen, sprechen und so weiter. Ob er denken konnte, war allerdings fraglich. Darüber gab es eine Kontroverse zwischen den Wissenschaftlern. Die Einen meinten, Diko sei kein Mensch, und wer behauptet, er würde denken können, der würde nur versuchen, die Menschen auf die Stufe der Dinge herunterzuziehen. Die Anderen behaupteten, Diko sei kein Mensch, da er allerdings sprechen kann, sollte man davon ausgehen, dass er auch denken kann.

In meinen Träumereien ging es darum, dass dieses Geschöpf bei mir zu Besuch war. Die gängige Gepflogenheit wollte nämlich, dass jeder, der es sich leisten konnte, dafür zahlte, damit Diko ihn einmal in

112

seinem Leben besuchte. Die Kreatur war so weltberühmt, dass manche Leute, die ewig vorgaben, keine
Zeit oder kein Geld zu haben, um nach Rom oder nach
Mekka zu pilgern, ausgerechnet dieselben Leute waren,
die sich den Luxus gönnten Diko einzuladen.

Den berühmtesten Psychologen zufolge hätte
dieses Wesen dieselbe Wirkung auf die Menschen wie
die härtesten Drogen der Welt. Seine Anwesenheit
würde auf das Gehirn und auf das ganze Nervensystem
der Personen einwirken, die sich in seiner Nähe befanden. Diko würde den Menschen ein kribbeliges Gefühl,
die Empfindung der Allmacht und den Eindruck von Sicherheit verschaffen, und dies nicht für eine Weile, sondern für einen ganzen Tag, eigentlich die ganze Zeit, die
Diko zu Besuch war. Noch besser, hieß es, würde Diko
gar keine Nebenwirkungen haben und nicht zur Sucht
führen. Er würde den Menschen das Gefühl geben, sie
seien Halbgötter. Man solle in seiner Anwesenheit von
allen existenziellen Ängsten, Fragen und Unwissenheit
befreit sein. In den verrücktspielenden Gedanken und
im tief verwirrten Herzen der meisten Menschen, die
Diko eingeladen hatten - so das gemeinsame Fazit aller
Studien, Statistiken und Umfragen - hätte Gott an Allmacht verloren.

Könnte es sein, dass ich mich auch mit meinem
Gott messen wollte? Wollte ich das Herabsinken der
Macht Gottes erfahren? Jedenfalls hatte ich mir auch
den Luxus verschafft, Diko für einen ganzen Tag

einzubuchen. In meinen Träumereien hatte ich die Möglichkeit, mich mit dem menschenähnlichen Wesen direkt, intensiv, ohne Dolmetscher und ohne Verbindungsmann zu unterhalten. Wir sprachen über das Bild, das sich Diko von den Menschen machte, über seine Ängste, seine Wünsche, seine bisherigen Erlebnisse und so weiter und so fort. Die Erwartungen von Diko waren dieselben wie die seines Schöpfers, des Menschen. Diko wollte eine unbegrenzte finanzielle, sentimentale und emotionale Unabhängigkeit erwerben. Er hatte Angst vor Krankheiten, vor Unfällen, vor dem Tod, vor Naturkatastrophen... Er wollte die besten Schlagzeilen. Er wollte berühmt, prominent, beliebt, geachtet und mächtig sein. Er wollte die hübscheste, attraktivste, intelligenteste, treueste, zuverlässigste, kurzum vollkommene Frau heiraten.

Ich war gerade dabei, mich zu fragen, ob der Mensch jetzt durch seine technischen Fortschritte ein Gott geworden war. Die Antwort auf diese Frage konnte ich allerdings noch nicht finden, da Jakubu mich mit zwei Klapsen auf die Schulter in die Realität zurückbrachte. Gewiss dachte er, dass ich ihn bemitleidete nachdem ich der Geschichte seiner bejammernswerten Lebensbedingungen zugehört hatte. Denn er sagte noch einmal:

- Mach dir keine trüben Gedanken über mich! Ich bin hier zuhause und bleibe auch hier.

Dann schwieg mein Freund noch einmal und schaute mich mit einem Blick an, der bedeuten zu schien: „Jetzt bist du aber an der Reihe, schieß los!".

Da ich nicht wusste, ob ich ein Teil seiner Wort-krämerei verpasst hatte, knüpfte ich einfach daran, was ich zuletzt gehört hatte. Durch das plötzliche Schweigen von Jakubu in Verlegenheit versetzt, sprach ich weder von dem Traum, den ich eben hatte, noch von Jakubus Schicksal, noch über mein eigenes Leben. Stattdessen versuchte ich, mein Gegenüber zu überreden, damit er von Zeit zu Zeit an uns denkt und uns besucht:

- Hör zu Jakob! Niemand verlangt von dir, dass du wegläufst. Du musst nicht nach Hause zurückkehren. Aber uns besuchen, das kannst du von Zeit zu Zeit, oder?

Ich hatte vor, ihn mit folgendem Spruch aus dem Volksmund zu überzeugen: „*Der Krug geht so lange zum Brunnen, bis er bricht*". Aber die Volksweisheit schien mir nicht die beste Lösung in dieser Situation zu sein. Warum musste ausgerechnet Jakubu daran glau-ben, was unsere Weisheiten besagen, wenn er sie nicht einmal mehr erkennen wollte? So begnügte ich mich, ihn darum zu bitten:

- Mein Freund, komm uns bitte besuchen. Nur so kannst du dich wieder besinnen und neue Kräfte aus dei-nen Wurzeln schöpfen. Hiermit formuliere ich eine of-fizielle Einladung. Du hast mein Ehrenwort. Du weißt

115

selbst, dass das gesprochene Wort für uns denselben Wert wie die Schrift hat. Oder? Aber wenn mein Wort dir nicht reicht, dann werde ich meine Einladung schriftlich formulieren, wenn ich zu Hause bin. Du kannst mit deiner Familie kommen. Das Einzige, was du machen musst, ist eure Flugtickets kaufen. Für alles Andere sorge ich. Es wäre mir eine Ehre, euch höchst persönlich am Flughafen zu empfangen. Kraft meines Amtes versichere ich dir, dass du wie ein Staatsgast empfangen wirst. Im Ehrenempfangsraum am Flughafen wirst du mit unserem *Possotome-Wasser* willkommen geheißen. Bis auf den roten Teppich wird alles von meinen Mitarbeitern so perfekt wie bei einem Ehrengast organisiert.

Auf diesen Vorschlag antwortete mein Freund mit Fragen, die ich nicht erwartet hatte:

- Wieso? Stehen die Aktien nicht so gut? Seid ihr schon so verzweifelt? Bekommt ihr im Moment zu wenige Staatsbesuche? Warum ich?

Seine Fragen fielen in meine Ohren wie heiße Steine. Einen Augenblick dachte ich, dass er meinen Vorschlag vielleicht als beleidigend empfand. Eine Weile überlegte ich mir, dass ich mich vielleicht unpassend ausgedrückt hatte. Dann merkte ich, dass sein Gesicht nichts Schimpfliches trug und keinen bösen Ausdruck verriet. Deswegen ließ ich mich von seinem Zynismus nicht berühren und aus der Ruhe bringen.

Stattdessen beschloss ich, auf seine letzte Frage zu antworten:

- „Warum du? Ganz ehrlich?" vergewisserte ich mich.

- Ja, ganz im Ernst.

- Wenn ich dich anschaue, dann sehe ich zwei Personen: die Person, die du im normalen Fall sein solltest und die Person, die du bist. Ich möchte, dass du einmal das erlebst, was normalerweise dein Leben sein sollte.

Ich wollte auf keinen Fall das Risiko eingehen, zu erfahren, was Jakubu von meiner Antwort hielt. Deswegen sprach ich weiter und knüpfte an meine Position an:

- Wir haben zwei schöne und luxuriöse Appartements für die Gäste des Ministeriums zur Verfügung. Wir werden dich dort gebührend empfangen, und du wirst dort eine Unterkunft finden. Ich weiß, ich bin hier nicht auf der Suche nach unserem *verlorenen Schaf.* Aber ich würde mich freuen, wenn ich eine Festlichkeit, ein Liebesmahl zur Ehre unseres wiedergefundenen Sohnes organisieren lassen darf, ein Bankett ausschließlich mit Gerichten, die sich deine Familie noch nie zuvor hat schmecken lassen. Es soll ein Fest ohne Bitburger, Karlsberg Urpilz, Malzbier, Whisky, Martini, Baileys, Pastis, Wodka, Coca-Cola, Fanta, Apfelsaft sein. Es soll nur unser Nationalschnaps *Sodabi*, unsere

117

National- und Lokalbiere und selbstgepresster Orangen-, Ananas-, Kokos- oder Mangosaft fließen. Es soll ein Festmahl ohne Kartoffelsalat, Pommes frites, Kalb-, Rind-, Hühner- oder Schweinfleisch werden. Stattdessen sollen gekochte oder frittierte Bananen, *Jams*- und Maniokwurzeln, frische und gegrillte Fische und Krevetten, getrocknetes und gekochtes Fleisch von Grasnagern, Perlhühnern, Wildschwein, Rebhuhn, Fleisch vom Hoch- und Niederwild und alles was dazu gehört auf dem Tisch liegen. Anstelle von Karamellen, Kuchen, Schokolade, Pudding, Jogurt, Pfirsiche, Birnen, Erdbeeren und Himbeeren, sollen *Tapioka*, Kokosnüsse, Mais, Erdnüsse, Mangos, Papayas und Ananas serviert werden.

Es soll eine Party ohne klassische Musik oder Schlager oder Pop und Rock werden. Stattdessen soll auf unsere traditionelle und moderne Musik getanzt werden. Statt Cha-Cha-Cha werden wir Rumba anbieten, statt einer Ballade unser *Zouk*, Reggaemusik an Stelle von Technomusik.

Ich will dich alles neu entdecken lassen. Du kannst so lange bleiben, wie du möchtest. Ich werde mir Zeit dafür nehmen. Schließlich habe ich bisher keine richtige Beurlaubung verlangt. Die habe ich aber nach so viel geleisteter Arbeit gut verdient. Gib mir nur bitte die Ehre deines Besuches, und ich werde mir Urlaub nehmen, um dich unser schönes Land entdecken zu lassen.

Deine Familie wird bestimmt begeistert sein. Das ist etwas Anderes als Mallorca oder die Kanarischen Inseln. Auch du wirst unser schönes Land mit den Augen eines Touristen entdecken können. Glaub mir, es wird für euch unvergesslich. Ihr werdet von den frühen Sonnenstrahlen über dem Atlantischen Ozean begrüßt. Ihr werdet von den verschiedenen Königen und traditionellen Chefs unserer unterschiedlichen und vielfältigen Regionen vom Süden bis in den Norden und vom Westen bis nach Osten willkommen geheißen. Ihr werdet freundliche, glückliche und freudevolle Leute mit ihren verschiedenartigen Gewändern, Ausrüstungen, Trachten und Schmuck erleben. Ihr werdet die Menschen in ihrem Alltagsleben begleiten dürfen, bei den Verhandlungen auf dem Marktplatz, auf der Jagd, beim Fischfang, beim Surfen auf dem Meer, auf Seen und Flüssen, beim Singen, Tanzen und Musizieren, bei den nächtlichen Märchenerzählungen und noch vielem mehr. Ihr werdet die Voodootempel, gigantische Moscheen und prachtvolle Kirchen und Kathedralen besichtigen. Pfahldörfer, historische Museen, Wasserfälle, Flüsse, Seen und Gebirge.

Jakob, du prahlst immer und überall, dass du ein Dorfbewohner bist, aber das hast du aus der Perspektive eines Buben erlebt. Gegen mich bist du jetzt nur ein Waisenknabe. Ich wette, du wurdest niemals vom Adel, dem König der Wälder, seiner Majestät dem Löwen, höchstpersönlich begrüßt. Ich gebe zu, dass ich mir, bevor ich Minister wurde, auch keine Zeit genommen habe, um das Land zu besichtigen.

Stell dir Folgendes in deiner heutigen Erwachsenensituation vor: du lässt deinen Geländewagen fünf Kilometer hinter dir stehen und marschierst während des Sonnenuntergangs ganz langsam und stressfrei in den Dschungel. Ich weiß, es klingt für dich schon gruselig. Aber folge meinen bescheidenen Gedanken einfach, dann wirst du sehen, es gibt gar nichts Furchteinflößendes daran. Du befindest dich also in einem Ort, von dem aus du den leicht strahlenden Sonnenschein, die Dämmerung und die blaue Stunde beobachten kannst, mit schönem Blick auf die weitliegenden Berge. Umzingelt vom unschuldigen Urwald entdeckst du die verschiedenartigsten Tiere. Du beobachtest Elefanten, Giraffen, Antilopen, Wildschweine, Kaimane, Affen, und Vögel bei ihren Alltagsgeschäften und wie sie für das ökologische Gleichgewicht sorgen. Unter deinen Füßen sitzen ungeniert, ein Feldhase und ein Igel und fressen. Über deinem Kopf findet ein Wettbewerb aller Vöglein statt, genauso wie ein improvisierter Wettkampf im Seilsprung von allerlei Arten von Affen. Du erlebst einen Gesangswettbewerb aller Vogelarten. Blätter- und Windgeräusche sowie Tier- und Vogelgeschrei sind das Futter für deine Ohren. Wie aus einer *Hi-Fi-Anlage* mit *Dolby-System*, Verstärker und Soundmixer schrillen das Gurren der Turteltauben, das Brüllen des Büffels, das Trompeten der Elefanten von allen Seiten bis durch zum

Trommelfell deiner mittlerweile von allem menschlichen Getöse befreiten Ohren. Du bist ein Teil der Natur geworden.

Mein Freund, ich schwöre dir, da wirst du eine Empfindung erleben, die höher und wirkungsvoller als jede Massage, Erholungstherapie oder Hypnose ist. Das musst du noch erleben. Das musst du noch nachholen.

Ok, ich gebe zu. Ich versuche dir gerade, unser Land zu verkaufen. Es gehört zu meiner Arbeit und nicht zu unserer Freundschaft. Das ist nicht fair. Fakt ist allerdings, dass wir doch trotzdem ein wunderschönes Land mit wundervollen Sehenswürdigkeiten haben. Wir könnten sogar daran denken, Massentourismus zu fördern. Aber wir haben leider keine Fluggesellschaft. Ha, ha ... Du hast gut lachen! Dir wird das Lachen noch vergehen! Jedenfalls, wenn du dich noch als einen von uns betrachtest. Ein israelischer Kollege erlaubte sich einmal, einen Scherz auf meine Kosten indem er sagte: „Dein Präsident ist der Einzige in der Welt, der kein Flugzeug besitzt". Da wir keine Flugzeuge besitzen, müssen wir uns dem Willen der internationalen Fluggesellschaften beugen. Deshalb bleiben die Reisekosten zu hoch für die einfachen Touristen wie du einer bist. Aber wir beklagen uns darüber auch nicht. Auch die Rosen des Massentourismus haben ihre Dornen. Jakubu, ich bitte dich: Erweise mir die Ehre deines Besuches. Ich freue mich schon riesig darauf.

Doch auch diesen Gefallen konnte mir mein Freund nicht tun. Er sprach weiter:

- Vielen Dank für dein Angebot. Ich weiß, dass du das alles tun würdest, um mir eine große Ehre zu erweisen, und ich glaube dir auch. Aber, es tut mir leid. Ich kann beim besten Willen nicht nach Hause fliegen. Wie denn? Ich habe kein Geld. Ich bekomme kaum achthundert Mark im Monat als soziale Leistung und muss damit mit meiner Frau und den Kindern klarkommen. Darüber hinaus muss ich eigentlich unverzüglich einen Schuldenberg abzahlen. Ich muss auch noch die vereinbarten Raten für mein Auto ausgleichen. Ich will nicht, dass meine Bank das Auto in Anspruch nimmt. Es ist mein einziges Eigentum abgesehen von meinen Kindern. Für alles Geld der Welt werde ich die nicht verlassen. Aber meine Frau will die Scheidung einreichen, mich rausschmeißen und mit den Kindern, meinen Kindern, allein bleiben, wenn ich nicht wieder arbeiten gehe. Und ich will auch arbeiten. Ich kann aber nicht, nein ich will nicht, ich habe keine Lust mehr zu arbeiten. Ja, ich habe keinen Bock. Wenn ich arbeiten könnte, dann würde ich doch. Ich würde mir einen Job suchen, um mir neue Kleidung zum Geburtstag zu schenken. Aber ich kann nicht, und ich bekomme sowieso keinen Job.

- „Jakob! Wann hast du Geburtstag?" fragte ich ohne Umschweife, damit mein Unterhaltungspartner seine nachhängenden Gedankenrichtung nicht verlor.

Aber Jakubu hatte keine Lust mehr zu reden. Er sah fertig aus, wie nach einer Geißelung. Er sah nicht wie ein Mann aus, dem gerade die Beichte abgenommen wurde. Er war weder erleichtert noch glücklich. Stattdessen war er in traurigen Gedanken verloren, so als ob es ihm nicht gelungen wäre, mir seine Lage zu beschreiben. Er antwortete trotzdem lächelnd auf meine Frage:

- Übermorgen, am Samstag. Da werde ich fünfundvierzig. Du bist eingeladen. Ich habe Uta von dir erzählt. Sie will, dass du am Samstag dabei bist. Versprichst du's? Kommst du?

Natürlich wollte ich kommen. Schließlich hatte ich auch am Samstag nichts vor.

& & &

Die „Viersamkeit"

Es war einer der seltenen richtig sonnigen Sommertage, an denen die Menschen es nicht wagen, sich warm anzuziehen. Einer jener Tage, an denen alle, sogar die hartnäckigsten Innentemperatursüchtigen oder Chefsesselklebrigen schnell aus den Wohnzimmern und Büros rausströmen, sobald sie nur die Möglichkeit bekommen. Einer der Tage, an denen die heißen Temperaturen der Sonne alle Menschen dazu bewegt, halb nackt oder nackt im Schatten der Bäume zu sitzen oder in Liegematten herumzulungern. Manche begnügen sich damit, einfach direkt auf dem Boden, besser gesagt, auf dem schönen, frisch geschnittenen Rasen zu liegen, andere sehen wiederrum an solchen Tagen Faulenzen und Trinken als einzige vernünftige Beschäftigung an. Es war ein Tag, an dem sich sogar der Wind nicht traut, zu wehen und bloß, ganz vorsichtig vor sich hin säuselt. Einer jener Tage, an denen die Bäume nur ganz mühsam ihre Blätter zum Zittern kriegen, und an dem sich die Vögel im Laubwerk verstecken und all ihre Lieder vergessen, als hätten sie einen Blackout.

Es war kein normaler Sommertag, sondern einer jener Tage, die Hundstage genannt werden, und an denen die Hitze die allerfleißigsten Arbeitsbienen davon abhält, sich körperliche Anstrengungen zuzumuten. Einer jener Tage, an denen die gesundheitlichen Tugenden des Sporttreibens nicht in Frage gestellt werden, aber an dem kein vernünftiger Sportmediziner seiner Mannschaft empfehlen würde, die Überwindungsgrenze zu überschreiten. Auf Grund hoher Außentemperaturen und ungenügender Luft helfen an solchen Tagen auch die tüchtigsten Motivationstiraden durch den Sportpsychologen und dessen Ratschläge zur Entwicklung der körperlichen und psychischen Leistung nicht viel.

Forciert der Sportler durch eigenen Willen und persönlichen Drang, so geht er vorsätzlich das Risiko ein, unter einem Hitzschlag zu leiden. Denn an solchen Tagen sind Kopfschmerzen, Migräne, Schläfrigkeit, Müdigkeit, hohes Fieber und was sonst noch dazu gehört, im Prinzip genau so viel wert wie Butterbrot. Deswegen werden an solchen Tagen in arbeiterfreundlichen Betrieben und Unternehmen sogenannte Sommerpausen oder Raucherpausen immer öfter eingelegt, überall Ventilatoren und Klimaanlagen installiert oder Fenster, Türen und Tore bei Wind und Wetter offengehalten.

Es war einer jener Tage, an dem die Senioren mehr Anforderungen stellen und stattdessen nur noch weniger Aufmerksamkeit von den übermüdeten Altenpflegerinnen bekommen. An solchen Tagen befürchten erfahrungsgemäß die Leichenkammern einen sehr hohen Betrieb, während die Altersheime exorbitante Entlassungen beklagen. Sowie der halb trockene und halb kalte Wind aus der Sahara, der Harmattan, uns unsere Opas und Omas ins Grab zieht, so werden hier mit derselben Leichtigkeit an solchen Hundstagen auch die Bestattungsunternehmen überfordert. An solchen Tagen wird für die Ärzte keine Leichenöffnung, Autopsie oder Leichenschau notwendig, um die Todesursachen der Greisinnen und Senioren zu diagnostizieren.

Alles in allem war es kein ruhiger und prachtvoller Tag, sondern einer jener Tage, an denen die Erdkreaturen den Sirius - den Hundsstern - verfluchen. Doch, ich konnte und wollte weder die Einladung von meinem Freund vermasseln noch mich selbst blamieren, indem ich dort schlampig angezogen erschien. Ich weiß, dass die Leute hier kein Problem damit haben, wenn man zu einer solchen Einladung in den üblichen Alltagsbluejeans kommt. Aber das konnte ich mir beim besten Willen nicht leisten. War ich denn kein Minister? Abgesehen davon, was für ein Afrikaner wäre ich, wenn ich die Hitze fürchte? Für uns spielt das eine große Rolle, ob sich Gäste die Mühe gegeben haben, bei solchen Gelegenheiten wie aus dem Ei gepellt zu erscheinen. Ja, es ist eine Ehre für den Gastgeber, dass seine Gäste gut angezogen kommen. Das wusste ich ganz genau.

In Afrika hätte ich mir eine prächtige farbenreiche *Agbada* - eine voluminöse Lokalkleidung bestehend aus einer Hose, einem Hemd, einem Oberbekleidungsstück und einer Mütze - speziell für den Anlass schneiden lassen; koste es, was es wolle. Auf der anderen Seite wusste ich ganz genau, dass ich es mir hier nicht leisten konnte, meinen Umzug mit einer solchen Faschingsverkleidung zu veranstalten, ohne die Aufmerksamkeit von Passanten auf mich zu lenken, die sich bestimmt darüber wundern würden, ob ich mich in den Fastnachtstagen getäuscht hatte. Ich wollte mich auf jeden Fall europäisch anziehen und sogar die sehr hohe Temperatur konnte mich von diesem Wunsch nicht abschrecken. Deswegen musste ich mich an die Ratschläge meines Modeberaters erinnern, um auf seine Kunst zurückgreifen. Ich erinnerte mich an seine Theorie, die besagt, dass die blaue Farbe für Entspannung und gegen Überreizung und Hitze stehe. Ich wählte dementsprechend einen blauen Anzug. Ich erinnerte mich auch daran, dass er behauptete, die rote Farbe würde eine Person dynamisch machen und das Selbstwertgefühl steigern. Deshalb entschied ich mich für eine rote Krawatte.

Bevor ich mich von meinem Hotel aus zur Bushaltestelle begab, fing der Schweiß an, mir aus allen Poren zu brechen. Ich gab trotzdem nicht auf und blieb tapfer in meiner geräuschlosen Aufmachung. Ich fuhr mit dem Bus Richtung Ommersheim, und hatte mein ein Tag davor herausgesuchtes, gekauftes und eingepacktes Geburtstagsgeschenk im Aktenkoffer. Das Geschenk war ein schwarzer Anzug. Wie konnte ich denn vergessen, dass sich mein Jugendfreund einen Job suchen wollte, um sich neue Kleidung zu kaufen? Ich war mir sicher, dass ich ein gut passendes Geschenk gekauft hatte.

Gott sei Dank waren nicht so viele Leute im Bus, wie es gewöhnlich der Fall bei uns ist. Sonst wäre ich vom Schweiß ganz durchnässt. Ich würde vor Überanstrengung ersticken, ehe ich bei meinen Gastgebern ausstieg. So einen heißen Tag hatte ich seit mindestens fünfzehn Jahren nicht mehr erlebt, genauer gesagt, seitdem ich mit meinem Studium fertig und nach Hause zurückgekehrt war. Bei uns ist das Wetter immer sonniger und wärmer als hier, und die Hitze treibt den

Thermometeranzeiger oft in die Höhe von über vierzig Grad, aber es bleibt immer windig und man kann richtig Luft bekommen, ein- und ausatmen. So droht es keinem zu ersticken, obwohl man gar keine schwere Arbeit geleistet oder sich große Anstrengung zugemutet hat.

Um genau fünf Uhr stieg ich an der Bushaltestelle aus, an der Jakubu und eine sehr hübsche und jung gebliebene Frau auf mich warteten. Ehrlich gesagt konnte ich gar nicht ahnen, dass diese dicke, vollbusige und große Frau mit Adelallüren die berühmte Uta war. Erwartet hatte ich eine alte Dame, die höchstens genauso armselig wie mein Freund aussehen könnte. Als ich ihr vorgestellt wurde, hatte ich erstmal kein Wort sagen können. Ich war völlig überrascht und überlegte mir, wie sich ein bescheidener Mann wie Jakubu eine solche Frau leisten konnte. Es mag vielleicht übertrieben sein, aber im Beisein von seiner Frau sah mein Freund höchstens so präsentabel aus wie ihr Hausgärtner.

Bevor ich zudem Entschluss „*Was das Herz begehrt!*" kam, wurde ich aus meinen Überlegungen durch die Frage erweckt, die ich fürchtete. Sie kam von Uta: „Herr Minister, ist Ihnen nicht warm in dem Jackett und der Krawatte?". „Nein.", log ich. „Wissen Sie, Frau Wagner, ich musste mich in meinem Beruf daran gewöhnen, mich so anzuziehen. Jetzt bin ich daran gewohnt. Egal wie glühend die Sonne brennt, habe ich kein Problem damit. Sie wissen bestimmt schon, wie heiß es bei uns ist. Sie können mich aber Barka nennen und mich duzen". „Danke Barka! Du kannst mich auch duzen. Ich heiße Uta".

Nach diesem üblichen Austausch von Förmlichkeiten konnte ich endlich feststellen, dass mein Freund Jakubu an diesem Tag doch besser gepflegt war, auch wenn ich von der Kleidung der Beiden etwas enttäuscht war. Wie konnten sie sich nur an seinem Geburtstag mit den üblichen T-Shirts begnügen, auch wenn es noch so warm war?

Ein fünfminütiges Laufen genügte, um die Residenz der Wagners zu erreichen. Hier durfte ich eine Geschichte Europas der besonderen Art erleben. Uta war, wie Jakubu mich gleich informierte, von der europäischen Historie begeistert. Hier hießen die Haustiere nicht etwa Mieze, Hinze, Mores, Mimi oder Quin. Das Haus selbst könnte eigentlich Halbinsel Wagner heißen. Wie eine kleine Insel war es von den anderen Häusern durch einen kleinen Bach, eigentlich eine offene Entwässerungskanalisation mit Holzbrücke, getrennt. Wenn man die Familie Wagner besucht, so geht man über diese kleine Brücke. Der Herr des Hauses nannte sie die „Luftbrücke", da sie wirklich hoch gebaut und von allen Seiten sichtbar war. Als wir uns also auf der Luftbrücke befanden, durfte ich den Namen des Wasserlaufs raten.

- Die Oder, antwortete ich, eigentlich nicht aus Überzeugung, sondern weil ich von meinen Kenntnissen der Hydrographie Deutschlands Gebrauch machen wollte. Denn gleich nach dieser Ausrutscherantwort fing ich an, mich selbst zu fragen: „Warum eigentlich die Oder? Und nicht die Saar? Und nicht der Rhein? ..."

Wie auch immer, ich lag falsch. Der Name hatte gar nichts mit der Geographie zu tun, sondern mit der Geschichte, der europäischen Vergangenheit.

- „Er heißt Waterloo" kam die Auflösung meiner Sonderprivatdozentin Dr. Uta Wagner.

Aha! Dass Waterloo ein Gewässer ist, war mir unbekannt. Jedenfalls gab ich meinen eigenen Nervenzellen eine weitere Herausforderung, indem ich sagte:

- Lasst mich raten: Die Gans, die da schwimmt, gehört euch und sie heißt Brüssel.

Auch hier lag ich falsch. Diesmal kam die Auflösung von Utas Mitarbeiter, Dr. Jakubu Tschinku, alias Wagner in Person:

- Das ist unser Feldmarschall Wellington.

Nun war ich im Bilde. Nun fing ich an, zu verstehen, um welche Geschichte es sich handelte. Allerdings musste ich zugeben, dass ich dieser Geschichte nicht mehr kundig war und nicht wusste, wie sie enden sollte. Das war auch nicht schlimm, da ich sie vor meinen eigenen Augen laufen sehen durfte.

Draußen vor der Haustür schlief unbekümmert Napoleon, der Schäferhund, der offensichtlich von dem ganzen Geschehen nicht begeistert war. Obwohl er sein Herrchen und sein Frauchen kommen sah, lag Napoleon einfach da wie ein besoffener Kerl, ohne sich zu bewegen, ohne uns entgegenzukommen, geschweige denn den Unbekannten, der ich war, mit einem Bellen willkommen zu heißen, oder mindestens mit einem Knurren gegen mein unerwartetes Eindringen in sein Königreich zu protestieren. Nein, ich verdiente weder *wau wau!* noch *hum hum!*

Bevor ich mir allerdings den Kopf mit der Tierpsychologie- und Soziologie zerbrach und mich nach den Beschwerden, Motiven, Antrieben und Gründen des Sitzstreikes von Napoleon fragte, bekam ich die Sachlage von Jakubu erklärt: Napoleon hatte immer wieder gern mit Wellington seinen Lieblingssport, die Jagd im Schlamm, im Dreck, in der Futterkrippe und im Staub, so wild getrieben, dass ihn die Königin des Hauses, Ihre Majestät Uta, aus dem Haus verbannt hatte. Napoleon musste zur Strafe für die ganze Sommerzeit vor der Haustür bleiben. Er durfte dann spielen, wie er wollte, verschwinden wann und wie es ihm gefiel und wiederauftauchen, wenn er hungrig war. Er durfte fast alles unternehmen, unter der Bedingung, dass er nicht in die Wohnung eintrat und weder Herrchen Jakubu noch Frauchen Uta begleiten durfte. Genauso wie ein Sklave anfangen kann, seine Kette zu lieben, so kam es allerdings, dass der verbannte Napoleon mit der Zeit anfing, seine Strafe zu mögen und seine Freiheit zu genießen, so dass die Menschen ihm eigentlich ganz egal wurden.

Vor Wintereinbruch beabsichtigte Uta, Napoleon zu waschen, um ihn von seinem Gestank zu säubern, ihn in den Tierfrisörsalon zu bringen, damit seine Behaarung die neueste Hundemode aus dem Winterkatalog geschnitten bekam, und ihn schließlich zum Tierarzt zu fahren, damit er von dem ganzen Sommerspeck befreit wurde und damit die üblichen Gesamtuntersuchungen durchgeführt wurden. Ich muss zugestehen, dass ich so viel Tierkult und Hundeästhetik von einer Arbeitslosenfamilie nicht erwartet hatte. Aber darüber war meine Meinung auch nicht gefragt. Die Antwort hatte ich schon am Anfang von Uta angekündigt bekommen, obwohl ich die Frage gar nicht gestellt hatte: „Wir schwimmen nicht im Geld, aber was soll's, es ist nur eine Frage der Organisation. Unsere Tiere gehören auch zu unserer Familie. Manche Haushalte haben Geld wie Heu und können sich allerdings keine Tiere leisten. Das finde ich schade" hieß es.

Was die Gans Wellington anging, waren für sie keine großen winterlichen Maßnahmen nötig. Sie musste nur ganz geduldig und anspruchslos im Stall bis Weihnachten spielend warten. Uta brannte nämlich darauf, ihr an diesem Kinder-, Familien- und Christenfeiertag den Hals und die Beine abzuknipsen und in den

Restmülleimer zu schmeißen. Danach wollte sie die Schenkel, die Flügel, den Schwanz und den Rumpf von Wellington gut rupfen lassen, die Daunen-, Schwung-, Steuer- und Deckfedern von den zugespitzten Flügelfedern sorgfältig trennen, wobei die ersten im Mülleimer landen sollten und die letzten zu ihrer Federmustersammlung hinzugefügt werden. Ferner sollten die wertlosen Geschlechts-, Verdauungs- und Atmungsorgane des Wellingtons gegen gesunde und köstliche Zwiebeln, Zitronenscheiben, allerlei Gewürzsorten, Spinatblätter usw. umgetauscht werden. Das Ganze solle mit feiner Halbfettpflanzenmargarine überzogen werden, und ab in den Backofen. Das fertige Produkt solle wie ein Gänsebraten vom feinsten Koch eines Fünf-Stern-Hotels aussehen. Im Namen des „*Erstgeborenen in der Krippe*" soll Wellington dasselbe Schicksal mit allen anderen Gänsen teilen, die jeden Sommer und jeden Herbst in Waterloo spielen durften. Amen!

Pech übrigens für Jakubu, der die Kunst des Tranchiermessers immer noch nicht beherrschte und das Durchschneiden der Weihnachtsgans als eine Riesenherausforderung empfand, aber für die Scheiben Gänsebrust schwärmte. Der Conny, die Vegetarierin geworden war aus der Überzeugung, dass man die Haustiere nicht verspeisen sollte, ihr sei definitiv nicht mehr zu helfen. Was Uwe betraf, der jedes Jahr seine Trostlosigkeit wegen des Verschwindens der Gans erst am zweiten Weihnachtstag ausdrückte, nachdem er sie mit

133

Appetit aufgegessen hatte, ihm beabsichtigte Uta, als Trost zu versprechen, eine schönere Gans zu kaufen, sobald die strenge und harte Winterzeit vorbei war.

Eine letzte Figur dieser tierisch europäischen Geschichte fehlt noch. Die konnte ich allerdings erst später kennenlernen, da sie Blücher hieß und in der Wohnung beherbergt wurde. Bevor wir in die Wohnung eintraten, durfte ich Bekanntschaft mit dem Pkw machen. Vor der Garage stand das berühmte Auto, ein schön gepflegter VW, der, wie ich dachte, ein „H" als Kennzeichen (für *History*) tragen sollte. So ein altes Modell würde sich bei uns kein Mensch mehr erlauben, als Privatauto zu fahren, ohne sich zum Gespött des ganzen Stadtviertels zu machen. Man fährt nämlich lieber neuere Modelle, egal wie defekt sie sind, als altmodische aber gut in Form gehaltene Autos. Dieser Trend lässt sich dadurch erklären, dass die alten Modelle immer wieder mit Sammeltaxis verwechselt werden. Ob das Auto morgens menschliche Triebkraft braucht, um zu starten, ob es keine Servolenkung, Gürtel oder Scheibenbremse besitzt, ist für uns egal. Ob das Auto zu viele gefährliche Gasstoffe in die Natur ausstößt, scheint uns nicht zu stören.

Das war jedenfalls nicht der Fall bei dem Auto der Familie Wagner, das immerhin die neuesten Techniken besaß. Jeder Besucher konnte ohne große Mühe feststellen, dass dieser Oldtimer, so liebevoll geschmückt wie er war, eine sehr große und besondere

Rolle im Leben der Hausbewohner spielte. Man brauchte nicht zu fragen, bevor man verstand, dass für diese preziöse Rarität gesorgt wurde, genauso wie für die Haustiere. Obwohl es ein altes Modell war, sah das Auto zumindest äußerlich nicht wie das eines Arbeitslosen aus. So blank wie der Lack gepflegt war, konnte man ganz leicht ahnen, dass er nie von menschlichen Händen mit aggressiver Seife und Regenwasser gewaschen wurde, sondern regelmäßig durch Autowaschanlagen mit Vollprogramm und Glanzeffekt.

Innen im Auto verriet nur eine Sache, dass das Prachtstück doch keinem Petrodollarprinzen gehörte, nämlich die Ausstattung, die nicht aus Leder war. Nur wenn man ein gutes Flair besaß, konnte man mutmaßen, dass es keines Rates eines zusätzlichen Musterentwerfers bedurft hatte, um über die Gegenstände zu entscheiden, die zu der Gestaltung des Innenraumes eines Autos gehörten. Ansonsten war alles, jedenfalls was die Technik anging, perfekt. Auch wenn nur Gott wusste, ob die sicherlich nachgebauten Airbags noch funktionierten, waren sie immerhin dabei. Darauf deuteten freilich die groß geschriebenen Hinweise, einmal links und einmal rechts. Genauso wie die Airbags war offensichtlich der CD-Spieler auch nachinstalliert, denn er passte nicht richtig zu dem dafür vorgesehenen Fach. Ferner verrieten auch die hier herrschenden Dezibel, dass auch die Lautsprecher nicht zu der Originalgestaltung des VW-Käfers gehörten.

Leicht bemerkbar war auch die Absprache, die im Komfortauto der Familie Wagner galt: jedes Mitglied durfte durch eine, aber zum Glück nur eine Sache, im Auto vertreten sein. Und so wurde jeweils ein Kindheitspassbild von Conny und Uwe über die hinteren Sitze des Autos sowie ein Extraspiegel über den Beifahrersitz gehängt. Wie ich richtig vermutet hatte, war der Spiegel ein Spezialwunsch von Frau Wagner. Und der Herr Wagner? Ihm gehörte ein sogenannter „Wackelelvis", eine auf einer Spiralfeder hängende Figurine von dem amerikanischen Rock-and-Roll-König Elvis Presley, die nach Wünschen des Windes und der Autobewegungen wackelte und ihre Gitarre umdrehte. Dieser Elviskult symbolisierte die leider sehr schnell vergangene Jugendsünde von Jakubu.

Ich wäre allerdings nicht Barka, wenn ich nicht in den Kofferraum geschaut hätte. Unter dem Vorwand, ich wollte sehen, wie breit der Kofferraum sei, wollte ich eigentlich auch dort die Inspektion fortführen und sehen, wie die Plätze dort geteilt waren. Zu meiner Enttäuschung konnte ich nur feststellen, dass die Leere die unbestrittenen Vorrechte in diesem hintersten Raum des Autos hatte. Abgesehen von den beiden riesigen Lautsprechern, die, wie ich schon vermutet hatte, hinzugebaut wurden, lag hier nur ein leerer und umgekippter Einkaufskorb. Sogar der Verbandskasten war nicht zu sehen. Wie ich erfahren konnte, musste er Zuflucht unter den hinteren Sitzen finden, weil der Kofferraum ausschließlich für die Einkäufe reserviert wurde.

In der Wohnung angekommen schlug Jakubu vor, dass ich meine Jacke ausziehen sollte, was ich natürlich als eine richtige Erleichterung, ja sogar als eine Befreiung, empfand. Als allererstes wurde ich durch die Wohnung geführt, sogar noch bevor mir die Kinder vorgestellt wurden. Was die Räumlichkeitsausstattung anging, gab es keine große Überraschung. Ich war an die Wohnungsbesichtigungen in diesem Land schon gewöhnt, und mein Eindruck ist der, dass sie immer gleich aussehen. Eines Tages musste ich sogar fragen, ob die Häuser hier von denselben Architekten gebaut und von denselben Musterentwerfern ausgestattet werden. „Bilden Sie Ihren Satz erneut und ersetzten Sie das Wort «Architekten» durch «Baubehörden» und das Wort «Musterentwerfer» durch «Baugenehmigung». Dann haben Sie die Antwort auf Ihre Frage", so hieß damals die Antwort meines amüsanten Unterhaltungspartners. Dabei wollte ich allerdings nur ausdrücken, dass diejenigen Wohnungen, die ich besucht hatte, fast gleich ausgestattet waren.

Von außen betrachtet sind die Häuser schon mal fast gleich aufgebaut: jedenfalls in jeder Baufluchtlinie haben sie die mehr oder weniger gleiche Höhe, die gleiche Breite, die gleiche Länge, gleichbreite Straßen und Gehwege, eine ähnliche Farbe der Außenwände und Dächer, die selbe Form der Dachfläche - entweder alle flach oder alle steil -, den Schornstein an der gleichen Stelle, beliebige Terrassen oder Balkons, die aber überall fast gleich geschmückt sind. Nur Fenster und Türen besitzen hier und da unterschiedliche Farben und zeigen verschiedenartigste Gardinenmodelle. Entweder gibt es einen kleinen Garten für jedes Haus oder für keins. Keinen Hinterhof, keinen Obstbaum. Auch diejenigen, die noch Platz für einen Baum hätten, bauen dort lieber Gartenleuchten, eine Extragarage für den Laubbläser, die Regenstiefel, die Besen, den Einkaufswagen und sonstige Werkzeuge, oder lassen Narzissen mit weißen oder gelben Blüten, Tulpen oder rosa, rote und weiße Hyazinthen aufwachsen. Als Mieter hatte Jakubu weder Platz für den Baum noch für die Gartenblumen, noch für die Garage. Deswegen musste er sich damit begnügen, sein Auto in einer Tiefgarage zu parken, deren Tor und Außenleuchte sich immerhin mit einer Fernbedienung automatisch steuern ließen.

Im Innenraum, bis auf einige kleine Unterschiede, die vom Geschmack der Hausbewohner geprägt sind, setzt sich auch die Konformität fort. Auf der einen Seite des großen Wohnzimmers befinden sich im Prinzip der Esstisch mit sechs Stühlen, ein kleiner Bücherschrank mit sehr wenigen Büchern und daneben ein großer Pflanzenkasten. Meistens darf in einem solchen Blumentopf nur ein grünes Gewächs aufblühen: Kaktus, Yuccapalme, Bambusbäumchen oder ähnliches. Ich habe mich immer gefragt, warum keine Rosen dort

138

blühen, wenn alle ja so auf Rosen stehen. Aber, über Geschmack und Farben lässt sich eben nicht streiten. Bei Gelegenheit, wie bei dem Geburtstag meines Freundes Jakubu, steht zugegebenermaßen auch auf dem Esstisch ein Blumenfass mit fröhlichen und bunten Blüten wie Rosen oder Orchideen. Auf der anderen Seite des Wohnzimmers findet man meistens ein Riesensofa, zwei oder drei Sessel, in einer Ecke ein kleiner Fernsehtisch mit Fernseher und Videorecorder oder DVD-Spieler. Überall haben die Möbel die gleiche Farbe, überall haben die Geräte fast dieselbe Form, Größe und Farbe, überall haben die Tischbedeckungsschneider die gleiche Inspiration: weiß oder grau, bloß nicht zu viele Farben.

Nach dem Wohnzimmer kommt fast immer eine etwa fünf bis acht Meter kleine Ecke, die als Küche gilt, mit fünf bis acht Fächern an der Wand. In den Fächern verstecken sich allerlei Geschirrsorten und Küchengeräte: Teller, Tassen, Teetassen, Gläser, Becher, Mixer, Schneebesen usw. Hier findet man den Kühlschrank, eine Kaffeemaschine und die eigentliche Küche, eine Zusammenstellung aus Waschbecken, Backofen, vier Kochsteinen und einer Anzahl von Schubladen, in denen Löffel, Gabeln, Messer, Tischmesser, Kuchengabeln und Teelöffel zu finden sind. Zum Schluss bleiben nur ein Schlafzimmer für die Erwachsenen und ein Schlaf- und Spielraum für die Kinder.

In der Wohnung der Wagners durfte ich endlich nicht nur mit den Kindern, sondern auch mit „*Marschall*

Vorwärts" persönlich Bekanntschaft machen. Ganz gemütlich kuschelte Feldmarschall Blücher, die Katze, auf dem Kanapee mit gut gefüllten, wolligen Rückenkissen. Freilich wurde ich hier mit Miauen willkommen geheißen. Blücher war so majestätisch auf seinem Thronsessel installiert, dass ich mich zu ihm begeben musste, um meinen Respekt ihm gegenüber zu zeigen, was ich allerdings erhobenen Hauptes tat. Immerhin war ich auch Minister.

Nach den üblichen dem Anlass entsprechenden Sitten, die mit *miau, miau* vermerkt wurden, liefen allerdings die Kräfteverhältnisse ganz schnell in die andere Richtung, nämlich zu meinem Vorteil. Bei aller Hochachtung vor der Autorität von Blücher, konnte sich mein menschlicher Narzissmus nicht damit begnügen, die Nebenrolle zu spielen. Letztendlich war der Minister hier zu Gast und besaß deswegen einen Bonus der Gastfreundlichkeit, was beim Feldmarschall nicht der Fall war. Da ich gebeten wurde, ganz bequem neben Blücher Platz zu nehmen, war es für mein gekitzeltes Ego zu wenig, an die rechte Seite des Vaters zu rücken. Ohne zu überlegen, ging ich intuitiv und instinktiv auf Blücher los, brüskierte ihn und ließ ihn die flauschige Beschaffenheit des Teppichbodens abschmecken. Soweit ich noch schätzen konnte, erfuhr ich, dass Blücher zum Kuscheln auf dem Teppich nicht zumute war. Auf meine ungeschickten *Fauxpas* antworteten nicht nur ein deutliches Beschwerdeschnurren meines Antagonisten, sondern auch verblüffende Gesichter allesamt meiner Gastgeber, Mutter, Vater, Tochter und Sohn. Wenn ich von den vier gleichzeitig bass erstaunten Mündern nicht geschluckt wurde, dann bestimmt ausschließlich deswegen, weil sie meinem Gaststatus die gebührende Achtung erweisen wollten.

Während ich in einer intensiven Unterhaltung mit den Eltern Wagner versank, mit dem einzigen erkennbaren Ziel, den Vorfall mit Blücher zu vergessen, installierten sich die Kinder Wagner auch direkt auf dem Teppich, um etwa an dem ungünstigen Verhängnis von *„Marschall Vorwärts"* Anteil zu nehmen.

Die Kinder Wagner? Die fand ich ganz normal, stabil, bodenständig, fröhlich und gutaussehend. Die Ansichten von Jakubu, sie seien so bemitleidenswert, konnte ich erfreulicherweise nicht bestätigen. Ja, mit Uwe und Conny konnte ich meine ganze Zeit verbringen. Gemeinsam hatten wir viel Freude gehabt, während die Eltern irgendwie dastanden, als wären sie nur Besucher in diesem Haus. Den Kindern konnte ich seltsame Geschichten erzählen, auf ihre Fragen bezüglich des Lebens in Afrika antworten, die ihr eigener Vater nicht beantworten konnte oder wollte. Unsere Unterhaltung fokussierte sich am meisten auf das Märchen, das ich erzählen musste, um ein reines Gewissen zu haben. Es hatte den aufsehenerregenden Titel: *„Der Prinz, die Katze, der Hund und die Wildgans"*:

Es war einmal ein reicher König, der eine morganatische Ehe wagte, das heißt, er heiratete eine Frau aus dem einfachsten Bürgerstand. Aus dieser Ehe entstand ein Einzelkind. Und die Königin unternahm, dem Prinzen nicht nur die üblichen hochadligen Eignungen wie Tapferkeit, Eleganz, Ausstrahlung, Würde, Autorität und Charisma beizubringen, sondern auch Tugenden wie Tierliebe, Nächstenliebe und Bescheidenheit. Eines Tages, als der Prinz durch das Dorf spazieren ging, begegnete er drei gleichaltrigen Kindern, die jeweils mit einem kleinen Tier spielten. Die drei Baby-Tiere waren ein Welpe, ein Kätzchen und ein Gänschen.

Da fragte der Prinz: „Was tut ihr da? Lasst bitte diese Tiere in Ruhe!" Doch die Dorfkinder antworteten: „Prinz, Sie können die Tiere kaufen, wenn Sie wollen. Aber solange sie unser Eigentum sind, dürfen wir mit ihnen spielen, wie und wann wir möchten".

Der Prinz war damit einverstanden und gab jeweils eine Hand voll Gold für die drei Tier-Babys. Jahre vergingen. Und aus den Tier-Babys wurden große Tiere. Und der König war tot. Und der Prinz gab sein ganzes Erbe aus, um Tribut an andere mächtigere Könige zu zahlen. Und der Prinz wurde arm. Und der Prinz musste auf die Jagd gehen, um Fleisch für sich, für seine Mutter und für seine Tiere zu besorgen. Manchmal musste die Familie des

Prinzen sich damit begnügen, den Schweiß - ja, das Blut des getöteten Wildes, das sie im Gefrierschrank konservierte - zu verspeisen, wenn er von der Jagd ohne Beute zurückkehrte. Manchmal musste der Prinz im Wald umherirren, um Wildkorn für sich, für seine Mutter und für seine drei Tiere zu sammeln.

Eines Tages kam der Prinz aber mit leerer Jagdtasche zurück und der Kühlschrank war auch leer. Es war sein schwarzer Tag. Er war an diesem Tag mit dem linken Bein aufgestanden und deswegen hatte er kein Glück gehabt. Als er da unglücklich saß, sagte die Wildgans zu den anderen Tieren: „Unser Herrchen ist heute mit leeren Händen zurückgekommen und ist traurig. Wir müssen etwas unternehmen". Dann sagte sie zu dem Prinzen: „Herrchen! Heute brauchst du meine Hilfe. Komm, ich bringe dich auf das Land der Wildgänse." Gesagt, getan. Der Prinz machte seine Augen zu und wieder auf und Abrakadabra! Beide befanden sich in der Welt der Gänse.

Da bekam der Prinz als Gastgeschenk einen magischen Ring. Diesen Ring brauchte man nur das zu fragen, was man wollte und man bekam es auch. Dann schloss der Prinz seine Augen und machte sie wieder auf und Abrakadabra! Beide befanden sich wieder im Dorf des Prinzen. Dank seinem magischen Ring konnte der Prinz Gold, tonnenweise

Gold, so viel Gold bekommen, wie er wollte. Und der Prinz wurde reich. Und der Prinz wurde König. Und der neue, junge König wurde geliebt, geehrt und weltberühmt.

Da wurde der König des Nachbardorfes neidisch. Er schickte die tüchtigsten Gauner der Gegend zum jungen König, um dessen Ring zu stehlen. Und die Gauner kamen nachts und klauten den Ring des jungen Königs. Und der König des Nachbardorfes wurde reich. Und der junge König wurde wieder arm und lebte mit seiner Wildgans, seinem Hund und seiner Katze. Und der junge König wurde wieder traurig und unglücklich.

Da sagte die Katze zu den anderen Tieren: „Unser Herrchen ist traurig. Der Ring, den die Familie von der Wildgans ihm geschenkt hatte, ist abhandengekommen. Kumpan Hund, komm bitte mit mir! Ich werde versuchen, den Ring aus dem Haus des Königs des Nachbardorfes zu klauen und du wirst ganz schnell laufen und ihn zu unserem Herrchen bringen". Gesagt, getan. Die Katze schaffte es, den magischen Ring zurück zu stehlen und der Hund brachte ihn so schnell wie es möglich war zu dem jungen König.

Und der junge König wurde mächtig. Und der junge König wurde reich. Und der junge König wurde gefeiert, geschätzt und weltbekannt. Und der

144

junge König hatte viele Kinder. Und der junge Kö-
nig lebte in Saus und Braus mit seiner Wildgans, mit
seiner Katze und mit seinem Hund.

Seit dieser Zeit leben die Menschen und ihre
Haustiere in vollkommener Harmonie.

Nach dem Erzählen meines Märchens waren
Uwe und Conny so begeistert, dass ich mir sogar sicher
war, dass sie mir mein Verhalten gegenüber Blücher
verziehen hatten. Denn als ich nach der Moral meiner
Geschichte fragte, antworteten Beide gleichzeitig:
„Man soll immer lieb zu den Tieren sein". Dass sie dieses wussten, das war mir ganz klar. Das Ziel meiner Er-
zählkunst war eigentlich ganz egoistisch, denn ich
wollte mir nur sicher sein, dass ich für die Kinder kein
schlechtes Vorbild in Bezug auf Tiermisshandlung gewesen war.

Während ich zusammen mit meiner entflamm-
ten blutjungen Zuhörerschaft durch unsere Märchenwelt
wanderte und dabei meinen enthusiastischen Adressaten
Rede und Antwort über die Wunderwelt unserer
Freunde, der Tiere, stand, waren die Eltern Wagner mit
zweierlei Tätigkeiten beschäftigt: mit dem Programmieren von Küchenautomaten und dem Rauchen. Was das
Rauchen anging, darüber waren sich meine Gastgeber
einig: meine Expertenmeinung hierfür war gar nicht gefragt. Wenn eine Person eine rauchen wollte, hatte sie

der Anderen einen Komplizenblick zugeworfen, nach dem Motto „komm, wir befragen den Gott der Küche, ob wir dort rauchen dürfen". Dieser Blick war natürlich für die zweite Person nie schwer interpretierbar. Meine Gastgeber gingen dann Einer nach dem Anderen in die Kochnische, um den Aschenbecher langsam und mit viel Geduld voll zu packen, mit derselben Ausdauer, mit der sich die Flaschen einer Schwarzbrennerei mit dem Schnaps füllen.

Was das Programmieren der Kaffeemaschine, des Mehlmixers, des Brotbackautomaten, des Back-ofens, des Küchenweckers, des Eierkochers, der Fritteuse, der Küchenwaage und anderer elektronischer Geräte betraf, war ich plötzlich eine Bezugsperson geworden, allerdings nicht in Bezug auf die Technik, sondern im Hinblick auf die Moralität, die Arbeitsbedingungen des Kochs und die Rollenverteilung in der Ehe Wagner. Ich hatte das Gefühl, als hätte das Ehepaar Wagner auf einen Schiedsrichter oder einen Moderator gewartet, um über die Küchenethik zu entscheiden. Dies war zumindest mein Eindruck, denn jedes Mal, wenn die Beiden aus der Küche kamen, wurde ich mit undeutlichen Anmerkungen konfrontiert, Andeutungen wie: „Barka, meinst du ich verlange zu viel von deinem Freund?", oder „Weißt du, eigentlich verlange ich nicht von Jakubu, dass er kocht. Aber er tut das gerne und ich habe viel in der Küche zu tun". Dies war das kaum verhüllte Wehgeschrei von Uta, das quasi als Antwort auf die

146

irreführenden Bemerkungen von Jakubu galt, welche folgendermaßen formuliert waren: „Barka, weißt du? Hier kann man sich kein Dienstmädchen leisten", oder „Weißt du, ich koche lieber selber, anstatt die Schnellimbissrestaurants zu besuchen" usw. Ich hatte den Eindruck, als hätten die Beiden aus irgendeinem geheimnisvollen Grund Gewissensbisse. Wie es auch sein mag, ich beschloss, mich dieser Spirale von kaum verhüllten gegenseitigen Vorwürfen nicht anzuschließen.

Es gab allerdings eine Anspielung von Jakubu, die ich auf keinen Fall unerklärt stehen lassen wollte: seine Stichelei über die Dienstmädchen. Im Prinzip sollte seine Predigt über den hohen Wert der Dienstmädchen keine bösen Absichten verbergen. Aber in dem Land, aus dem ich kam, war das ein riesiges Thema und keiner wollte in die Erzählung eines solchen Phänomens verwickelt werden, obwohl viele damit zu tun hatten. In jenem Land, wo das anständige Lebensmotto offiziell hieß: „Lasst uns auf unsere eigenen Kräfte zählen!", gerade in diesem Land lautet geheim die gängige Devise: „Lasst uns auf die Kräfte der *Widomegon* zählen!". Ja, das Wort ist gefallen. Freiübersetzt bedeutet dieses Wort „ein fremdes Kind zu meinem Dienst".

In jenem Land, wo die Stadtviertel Namen tragen, wo die Straßen keine Namen besitzen und wo die Häuser keine Nummern aufweisen, ist das Thema der Dienstmädchen ein Tabuthema genauso wie das Thema Hitler hier. Wie niemand mit Letzterem zu tun haben

147

will, genauso taucht niemand im Fernsehen auf, um zuzugeben, dass er eine „*Widomegon*" zu Hause beherbergt, weil dieses Wort eine eigene Geschichte hatte, die nicht unbedingt ehrenhaft war.

Es ging um misshandelte Kinder, meistens Mädels von Vorschulkindern bis Jugendlichen über kleine Mädchen und vorpubertäre Fräulein, die ihre Kräfte für Butterbrot verkaufen, und die obendrein von ihren Diensteltern wie Weihnachtsgänse ausgenommen werden. Die inhumane Erziehung der „*Widomegon*" bestand in den besten Fällen im Schleppen von Wassereimern, in Haushaltsaktivitäten wie Kochen, Waschen und Bügeln von Kleidern, Spülen vom Geschirr, in kleingewerblichen Aktivitäten, wie das Anfordern und das Hausieren von Waren, in Feuerholzansammlung usw. Meistens waren die „*Widomegon*" als Kindermädchen für gleichaltrige Kinder eingestellt, was nicht verhinderte, dass sie öfters in Anwesenheit ihrer Schützlinge zurechtgewiesen, erniedrigt, beschimpft, grün und blau verprügelt und gedemütigt wurden. Krankenscheine, Faulenzen, Däumchen drehen, Urlaub, Spielzeiten usw. konnten sich die „*Widomegon*" nicht leisten. Stattdessen bestand ihre tägliche Routine darin, nicht nur früh, sondern immer als Erste aufzustehen, den ganzen Tag auf Achse zu sein und nicht nur spät, sondern jede Nacht als Letzte ins Bett zu gehen. Pflicht und Aufopferung bildeten die beiden Ecksteine des Lebens der „*Widomegon*".

In den schlimmsten Fällen wurden die „*Widomegon*", ohne weitere Verhandlung, an andere Verbrecher dieser Schandkette weitervermittelt, welche dann eine hohe Provision an die Vermittler zahlten. Meistens geschah diese Weitervermittlung als Belohnung dafür, dass die „*Widomegon*" alle Kinder des Hauses großgezogen hatten, nach dem Motto: „Du hast dich hier bei mir beweisen können, jetzt bist du reif für den internationalen Dienst. Also, Hals- und Beinbruch!". Meistens ohne jegliche Fremdsprachenkenntnisse, ohne Ausbildung und ohne Vorbereitung landeten die „*Widomegon*" dann im gallebittereren Ausland, wo schlimmere Lebensbedingungen und lebensgefährlichere Strapazen in Ackerarbeit, in Bergbau, in Gold- und Diamantenminen auf sie warteten.

Sie fragen, was aus den „*Widomegon*" dann wurde, wenn sie dort bei der schweren Arbeit umkamen? Nicht so schnell. Wir sind noch nicht am Ende unserer „endlosen Falle". Hier geht es klar um Leben und Tod! Aber die „*Widomegon*" können sich nicht leisten, so einfach zu sterben. Wäre dies nicht schade, nach so vielen gesammelten Erfahrungen? Nein, die „*Widomegon*" ... Warum nenne ich sie eigentlich immer noch so? So heißen sie doch lange nicht mehr. Sie gehören jetzt einer anderen Welt an. Sie sind jetzt Prostituierte, Geliebte, Klienten oder Schürzenkinder der „Soldierboys", der Kindersoldaten, die dasselbe Schicksal mit ihnen in den Bergwerken und Minenfeldern teilen.

Die Taufstunden finden hier innerhalb von Bürgerkriegen, inmitten von Experimentierfeldern der Inkubationsphasen von Aids und sonstigen Krankheiten und im Kernpunkt der beliebtesten Transaktionsmärkte von Gold, Diamanten, Erdöl, Uran und Phosphat statt. Die neuen Rufnamen, die unsere Dienstmädchen gegenwärtig bekommen, sind, Gott weiß, nicht für ewige Zeit. Immerhin hatten sie hier die ersten Wortfetzen und Brocken von Englisch und Französisch sammeln können. Es wäre wirklich schade, wenn sie dafür keine Dekoration bekommen würden. Also, noch einmal eine mächtige Provision kassieren, und die nächste Uferstraße ist nicht mehr weit. Stromabwärts, Fluss niederwärts, flussaufwärts bis zum nächsten Fischereihafen, und ab in die Container. Was den Fischen nicht schadet, schadet auch den Diamanten nicht. Und was den schwarzen Diamanten nicht schadet, schadet auch den schwarzen Perlen nicht, die freilich an so vielen Taufstunden teilgenommen hatten. Im Übrigen werden sie am Bord folgendermaßen begrüßt:

Hallo! Hallo Test! Hallo! Meine Damen und Herren, mein Name ist Mr. Kälte. Ich bin der Kapitän von diesem Dampfer und darf Sie an Bord unseres Nachtschiffes begrüßen. Unser Spezialprogramm „Perlen gegen Fisch" wird heute durch sehr gute meteorologische Bedingungen bewilligt. Leider haben alle unsere Blaujungs und Hostessen Urlaub.

Das macht aber nichts. In ein paar Wochen sind Sie
gut vorbereitet. In ein paar Tagen sind Sie im para-
diesischen Jenseits. In paar Stunden dürfen Sie „By
night!" den Eifelturm, einen Fernsehturm als Res-
taurant, das Vatikansgebäude, die Ewige Stadt, das
Kapitol, die Freiheitsstatue, den Tower, das Kreml,
das Escorial usw. sehen. In ein paar Minuten dürfen
Sie das erste Mal in Ihrem Leben den Schnee fühlen.

Meine Damen und Herren, vergessen Sie bitte
alle Vorurteile, die Sie über den Winter gehört ha-
ben. So schlimm ist es auch nicht. Blau und blass vor
Kälte wird niemand hier. Wer in unserem Fischcon-
tainer überlebt hat, überlebt auch den Winter ganz
locker, ohne Pferdedecke, Pelzjacken oder Seiden-
pullovers. Hier sind wir alle tierfreundlich ...

Einmal im Hafen angekommen, fehlt nur noch
eine letzte Taufstation. Ab jetzt heißen die Perlen nur
noch Dirne, Callgirl, Playgirl, Stricherin oder Strippe-
rin. Ihre Aufgabe? Erstmals ganz schnell vom Hafen
verschwinden und in sehr sicheren Lokalen landen.

Gott sei Dank ahnte mein Freund Jakubu die
ganzen Implikationen, Konnotationen und Anspielungen seines Sticheleiversuchs nicht, die mit dem Thema
Dienstmädchen verbunden waren. Irgendwo anders
wäre diese Angelegenheit als ein Zeichen von Opulenz
und davon, dass man sich etwas Großartiges leisten

konnte. „*Du sollst anstandshalber vermeiden, über Schnüren in einem Haus zu reden, wo sich eine Person erhängt hatte!*", so heißt ein Lehrspruch aus dem Volksmund. Da mein Gastgeber dies nicht wusste, musste ich alle Unklarheiten vermeiden. Da das Thema bei mir keinen guten Ruf besaß, musste ich ganz fest und konsequent klarstellen, dass ich zu den Guten angehörte. Ich musste meinen Gastgebern ganz und gar erklären, dass ich die Arbeit eines Dienstmädchens nicht nötig hatte. Ich musste ihnen klar machen, dass ich zu diesem moralischen Skandal nicht beitrage. Deswegen fand ich eine Notlüge, indem ich erklärte: „Uta, weißt du, manchmal habe ich auch Lust zu kochen. Dann gehe ich in die Küche und helfe. Dafür brauchen wir auch keinen Hausangestellten. Die Dienste eines fremden Mädchens haben wir nicht nötig. Das Schicksal der Dienstmädchen ist tragisch genug. Wenn man ein so komplexes und kompliziertes Ausbeutungssystem bekämpfen möchte, helfen gewiss größere Worte und Taten als die lächerlichen Karikaturen von „Kinderarbeit" oder „Kindersklaverei". Das ist eine Vermarktung der Armut. Das ist eine humanitäre Schande".

Ich hoffte, dass Herr und Frau Wagner verstanden hatten, dass ich zu den Guten gehörte. Immerhin hatte ich die Möglichkeit bekommen, Bresche in diese Anspielungen von Jakubu zu schießen. Allerdings hatte ich keine Zeit, um meine Enttäuschung auszudrücken und zu erzählen, dass ich glaubte, ich würde andere

Gäste bei der Familie Wagner treffen. Denn Jakubu verschwand wieder ganz schnell in der Küche, um die rote Laterne bei dem Raucherwettbewerb nicht halten zu müssen. Ich musste mich damit begnügen, die Kinder zu beobachten, die diese geburtstagsbedingte Ruhe ab und zu störten, indem sie den Schwarzen Peter spielten. Genauer gesagt handelte es sich eigentlich um eine besondere Form dieses Spiels, denn derjenige, der die Karte mit dem „Schwarzen Peter" zuletzt behielt, wurde nicht schwarz angemalt, sondern hatte als Strafe, dem Mitspieler ein Stück Süßigkeit, einen sogenannten Negerkuss, reichen zu müssen. Ansonsten war es ruhig im Haus, keine Musik, keine weiteren Freunde außer mir, kein Freudengefühl. Nur die Dekoration mit Blumen und Kerzen ließ ahnen, dass es ein besonderer Tag war. Da die Stimmung mir mehr als makaber und düster schien, wagte ich zu fragen, als Frau Wagner wieder im Wohnzimmer auftauchte:

- Warum gibt es keine Musik hier? Uta, wie ist das Programm?

- „Abends kommen meine Eltern. Wir wollen zusammen grillen" hieß die Antwort.

Leider musste ich die Geschenke, die ich für die Kinder Wagner besorgt hatte, im Aktenkoffer stecken lassen. Ich hatte mich nämlich verschätzt, was ihr Alter anging. So wie Jakubu von ihnen erzählt hatte, hatte ich gedacht, mit Buben zu tun zu haben. Deswegen hatte ich für sie die sogenannten „Kinderüberraschungen" besorgt, die Schokolade in Eierform, welche verschiedenartigsten Bastelspielchen als Überraschung für kleine Kinder verbarg. Nachdem ich die Bekanntschaft der damals schon über die Schwelle zur Kindheit tretenden Uwe und Conny gemacht hatte, hatte ich mich davor geschämt, ihre Geschenke aus meiner Aktentasche rauszuholen. Gott sei Dank hatten sie sich gemeinsam mit Jakubu über dessen Geschenk gefreut. Nur Uta musste eine Bemerkung loswerden:

- Vielen Dank für das nette Geschenk, Barka. Aber dein Freund hat sowieso keine andere Gelegenheit mehr, um den Anzug zu tragen. Seit unserer Hochzeit habe ich ihn nicht mehr im Anzug gesehen. Obwohl ich ihm immer wieder sage, dass er so schön im Anzug aussieht.

Weil das Programm mir zu dünn schien, gab ich vor, ich hätte noch einen Termin und müsste um neunzehn Uhr wegfahren. Um achtzehn Uhr gab es Kaffee für alle aber ich entschied mich lieber für einen grünen Tee, weil ich auf keinen Fall beabsichtigte, mit einer freiwillig heraufbeschworenen Schlafstörung zu kämpfen. Danach musste ich mich von meinen Freunden verabschieden. Ich hatte, wie gesagt, gelogen, dass ich einen anderen Termin hatte. Die Wahrheit war, dass ich dachte, der letzte Bus fuhr um neunzehn Uhr. Doch ich musste mich falsch erkundigt haben, denn Jakubu informierte mich, dass der letzte Bus am Samstag um achtzehn Uhr weggefahren war. Deswegen hatte er mich bis zum Bahnhof in St. Ingbert fahren müssen, von wo ich meinen Zug kriegen konnte.

Sobald wir am Bahnhof waren, fing mein Freund wieder an zu reden:

- Siehst du, was aus mir geworden ist? Wenn ich zu Hause bin, weiß ich nicht mehr, wer ich bin. Ich kann nicht mehr sprechen, nicht mehr denken, keine eigene Initiative ergreifen. Ich tue ausschließlich das, was man mir sagt. Ich bin wie ein programmierter Roboter. Ich denke nur durch den Kopf meiner Familie, meiner Frau. Manchmal glaube ich, dass ich von meiner Frau verzaubert bin. Ich weiß nur, dass ich sie nicht mehr liebe. Aber ich will sie auf keinen Fall verlieren. Ich habe sie geliebt. Ich habe alles für sie aufgegeben. Ich habe mich für sie verloren.

Am Anfang habe ich mich ganz und gar auf meine Frau konzentriert. Sie war mein Eins und Alles. Aber jetzt will sie sich scheiden lassen. Wenn ich nicht arbeiten gehe, sagt sie. So sind sie, die Frauen. Eine Frau ist und bleibt eine Frau. Egal auf welchem Kontinent sie wohnt, egal wo sie geboren ist. Der erste Umgang mit einer Frau ist immer ein Anfang, der Anfang einer neuen Erfahrung, eines anderen Erlebnisses. Man ist nie klug, nie geschickt, nie schlau, nie intelligent, nie begabt, nie sorgfältig, nie scharfsinnig oder weise genug, um eine Frau gut und wirksam kennen zu lernen.

155

Der erste Umgang mit einer Frau ist immer schwierig. Es ist wie der erste Schritt auf dem Schnee. Man gewöhnt sich nie daran. Jeden Winter fängt man erneut an, auf dem Schnee laufen zu lernen. Am ersten Schneetag kommt man aus dem Haus mit derselben Begeisterung wie vor einem Jahr. Man beobachtet die weißen Straßen, die weißen übrig gebliebenen Blätter, die weißen Zweige der Bäume, die weißen Dächer usw. Man bewundert die Schönheit, die Jungfräulichkeit und die Schuldlosigkeit des Schnees. Die Feuchtigkeit des Schnees vergisst man vorsätzlich. Man vergleicht den Schnee mit der Perle, mit dem Diamanten, mit einem Glanzstück. Man setzt den Schnee mit einer weißen Taube, mit dem Weihwasser, mit der Hostie gleich. Man verwechselt den Schnee mit der Makellosigkeit, mit der Heiligkeit, mit der Vollkommenheit. Man nimmt den Schnee in die Hände, ohne zu zögern, ohne zu überlegen, ohne Bedacht, ohne an die Kälte zu denken. Man zögert, auf dem Schnee zu laufen, um seine wundervolle, eindeutige, bildhafte und eintönige Farbe nicht zu verderben. Vorsichtig läuft man auf dem Schnee, um allein und ohne Hektik seine Sanftmut zu genießen. Man vertraut dem Schnee mit geschlossenen Augen, bis man sich am Boden befindet, vom Schnee betrogen, vom Schnee verraten, vom Schnee enttäuscht. Es bedarf nur eines kleinen Augenblicks von Unaufmerksamkeit, und man fällt auf dem Schnee hin, ohne kämpfen zu können, ohne jegliche Vorsichtsmaßnahme ergreifen zu können.

Man bekommt vom weißen Boden eine schmerzhafte Lehre erteilt. Erst dann versteht man, dass der Schnee immer Schnee geblieben ist, geschmacklos, mit einer betrügenden weißen Farbe, nass und nicht vertrauenswert.

Ja, so sind sie, die Frauen. So ist auch die Meine. Während ich sie als meine einzige Perle, als die Sonne meiner Liebe betrachte, behandelt sie mich als wäre ich nur ein Elefant im Porzellanladen, als der letzte Dreck. Meine Frau will sich scheiden lassen. Ja, weil ich ein Habenichts geworden bin. Plötzlich hat meine Frau gemerkt, dass ich immer wieder vergesse, die Aufzugstür oder die Autotür für Madame aufzumachen. Plötzlich merkt sie, dass ich kein Duftwasser benutze und keinen Anzug trage. Auf einmal bin ich kein Gentleman mehr. Meine Frau will sich scheiden lassen, weil ich ein Taugenichts bin.

Als ich Uta mit Blumen, schönen Rosen, dazu bewegen wollte, ihren Scheidungsantrag beim Anwalt zurückzuziehen, weißt du, was sie mir gesagt hatte? „Nimm dein Gemüse und geh mir aus dem Licht! Verschwinde aus meinen Augen! Noch zwei Monate, wenn du dann keine Arbeit findest, bist du auf der Straße ...". So sagte sie zu mir, meine eigene Frau. Erst nachdem ich meine eigene Zukunft im Voraus belastet hatte, hatte ich verstanden, dass ich nicht auf Uta zählen konnte. Erst dann hatte ich erkannt, dass ich die ganze Zeit eine Natter am Busen großgezogen hatte. Jetzt habe ich begriffen, dass wir bisher keine richtige Ehe geführt haben, sondern eine, die auf Kreditkarten, Bankkonten, Lohnabrechnungen, kurzum auf Kaufkraft, basierte. Ich konnte aber nichts machen. Ich war schon am Boden. Bis heute, mein lieber Barka, versuche ich aufzustehen, aber erfolglos. Ich habe den Kampf aufgegeben. Ich habe mein Schicksal umgangen und mein Leben begraben.

Bevor ich meinen Freund verließ, dachte ich, ich musste erstmals die Stimmung noch einmal lockern. Deswegen sagte ich zu ihm:

- Jakob, mein Zug fährt gleich aufs Gleis ein. A-propos Kälte und Schnee, weißt du, was für einen Scherz mein Chef, unser Präsident, sich einmal bei seiner Rückkehr aus einer im Winter absolvierten Europa-Tournee erlaubt hatte? Er sagte: „Ich denke, wenn wir es schaffen, allen unseren Staatsbürgern eine Reise von nur einer Woche nach Europa, und zwar im Winter, zu spendieren, können wir damit ganz bestimmt eine rasche Mentalitätsrevolution erreichen. Da merken wir, wie sehr uns die Natur hier verwöhnt hat". Mein Freund, bleibe gesund und passe auf deine Familie auf! Mein Zug kommt gleich.

- Ja, geh! geh du! geh, mein Freund, sonst verpasst du deinen Zug. Geh! Meine Frau wartet auf mich, geh! tschüss! ...

&   &   &
Brief von Jakubu

ehr geehrter Minister, lieber Freund,

Sich hoffe, du gestattest es, dass ich den ersten Schritt tue, indem ich dir diesen Brief schreibe. Wir hatten uns nämlich bei deinem letzten Besuch versprochen, durch Briefe in Kontakt zu bleiben. Ich hätte schon früher geschrieben, wenn du eine *E-Mail-Adresse* hättest. Weißt du? Ich habe festgestellt, wir haben die Kommunikation per Brief hier vernachlässigt und erledigen alles nun nur noch per *E-Mail*. Ob das so gut ist, weiß ich nicht. Ich werde dir aber verraten, dass es mir nicht einfach fiel, diesen Brief zu schreiben. Bei der *E-Mail* gibt man sich sehr wenig Mühe, um gut zu schreiben. Ich musste mich eines Wörterbuches bedienen, um einen privaten Brief zu schreiben. Ja, so schlimm ist es mittlerweile. Ich hoffe, du verzeihst die Fehler, die du sicherlich trotzdem finden wirst.

Mein persönlicher Beschluss über die neuen Kommunikationsmedien ist, dass jeder sich die Grenzen setzen soll. Denn irgendwann ist man nicht mehr in der Mode. Da hat man die Qual der Wahl: entweder gibt man sich Mühe und investiert Geld, um am Stand der neuesten Technik zu sein, oder man verzichtet bewusst auf bestimmte Neuigkeiten. Ich will nur sagen, ich bin mit deiner Stellung gegenüber dem Computer überhaupt einverstanden. Ich erinnere mich noch, als du das letzte Mal sagtest: „Ich habe mir beschworen, mich mit diesem Teufelsding nicht auseinander zu setzen. Ich überlasse den jüngeren Menschen den Computer und seine Welt. Zum Glück kennt sich meine Sekretärin damit aus, wie eine Biene mit dem Honig. Alles, was damit verbunden ist, erledigt sie für mich. Du verstehst aber doch, dass ich von ihr nicht verlangen kann, dass sie private Briefe für mich schreibt. Deshalb begnüge ich mich mit der alten guten Post".

Mein Freund, ich hoffe, es geht dir und allen deinen Bekannten gut. Bei mir ist alles bestens. Die einzige Neuigkeit, die unser Leben wechselhafter und spannender macht, ist die, dass ich eine Arbeit gefunden habe. Meine Ehekrise ist Gott sei Dank vorbei. Ich arbeite nun als Türsteher in einem noblen internationalen Hotel. Die Stelle konnte ich dank der kurzen Fortbildung, die ich in Informatik absolviert hatte, herauszaubern. Weißt du noch von dem Seminar, worüber ich dir erzählt hatte, dass ich in Frankfurt war und unseren Freund Sankara getroffen hatte? Ja, dank diesem Kompaktseminar konnte ich meine neue Stelle bekommen. So weit sind wir schon hier. Nur damit du siehst, welche zentrale Rolle der Computer in unserem Leben jetzt spielt. Ohne Informatikkenntnisse kriegt sogar ein Studierter keine Stelle als Türsteher. Jedenfalls macht mir die Arbeit dort viel Spaß. Ich bin auch ein anderer Mensch geworden. Außer dieser Neuigkeit ist in meinem Leben alles ansonsten wie gewohnt: dieselbe eintönige Routine. Ich erspare dir, sie noch einmal zu erzählen.

Barka, da ich zu tief und zu lange in der Schwarzseherei gesteckt hatte, hoffe ich, dass du mir verzeihen wirst, wenn ich immer noch schwarze Gedanken über manche Fragen habe. Ich habe mich nämlich so sehr um die Lebensbedingungen der Leute dort bei euch und über die Opulenz, in der manche von uns hier leben, gesorgt. Bei euch fehlt immer genau das, was ihr wirklich braucht. Und wir besitzen diese Dinge, obwohl wir sie manchmal nicht unbedingt brauchen. Ich erzähle dies, weil ich letztens in einem Elektronikgeschäft war und mich stundenlang über die Neuigkeiten in Sachen Solarenergie gewundert hatte. Ich meine, Folgendes: ihr habt die Sonne und wir haben die besten Solaranlagen. Ihr leidet unter der Affenhitze und wir besitzen die besten Klimaanlagen, die wir kaum benutzen. Ihr braucht gute und sichere Operationen für komplizierte Krankheitsfälle, und für uns ist es eine neue Mode, sich eine Schönheitsoperation zu leisten, die Brust zu vergrößern oder die Lippen spritzen zu lassen. Die gute Volksweisheit „in einem gesunden Körper wohnt ein gesunder Geist" heißt jetzt „in einem schönen Körper wohnt ein gesunder Geist".

Weißt du, was ich glaube? Ich denke, es gibt für uns keine neuen Tätigkeitsfelder mehr und unser Gedächtnis sucht sich neue, manchmal dumme Ideen. Ja mein Lieber, stell dir vor, was ein Forscher nach Jahren

161

Untersuchungen und vielen Investitionen in seinem Institut gefunden hat. Dass die Menschen verantwortlicher werden, wenn sie heiraten. Braucht man wirklich eine Untersuchung dafür? Das wussten doch schon unsere Vorfahren und Eltern auf dem Dorf, oder? Gehörte dieses Wissen schon nicht zu unserer Volkswahrheit? Ich erinnere mich noch daran, dass dort bei euch manche Eltern eine Ehefrau für den jungen Mann schnell suchen, wenn sie merken, Letzterer wird unverantwortlich. Man ist sich dessen bewusst, dass er sich dann ändert, wenn er eine Familie gründet. Dafür versucht man allerlei Tricks, um ihn zur Hochzeit zu bewegen. Dann hat man ihn in seinen Alltagssituationen im Stich gelassen. Es klingt böse und gruselig, aber es hat meistens funktioniert. Und jetzt müssen wir jahrelang forschen, um dies zu entdecken, was als Volksweisheit galt? Das sind aber unsere Realitäten.

Lieber Barka,

ich muss dir etwas zugestehen. Weißt du, dass ich heute noch Angst habe, wenn ich nur daran denke, nach Hause zu fliegen? Diese Kuriosa über Hexen, Zauberer und sonstige böse Menschen, die dort herrschen, jagen mir wirklich Angst ein. Auf dem Dorf ist es noch grausamer als in kleinen Städten. In großen Städten hört man kaum von solchen Verrücktheiten und abergläubischen Dummheiten. Jeder ältere Mensch, Mann oder

162

Frau, der das Unglück hat, länger als die anderen Mitglieder seiner Familie zu leben, wird systematisch als Zauberer bezeichnet. Manchmal wird man aus dem Dorf verbannt und in den schlimmsten Fällen sogar getötet. Meistens sind es wirklich Frauen und Männer der dritten Generation, welche keine große Familie oder nur arme Verwandte besitzen, die solcher Machenschaften beschuldigt werden. Niemals willst du sehen, dass der König oder dessen Familienangehöriger, der pensionierte Polizeidirektor oder der reichste Dorfbewohner von solchen Beschuldigungen betroffen wird. Nur die Armen, nur die, die keine Macht besitzen, nur die, deren Wort nichts wert ist. Nach einem *Ondit* soll sogar ein junger Mann seine eigene Mutter mit einem Hammerschlag ermordet haben, weil sie angeblich seiner einzigen Schwester, also ihrer einzigen Tochter, die Seele gegrillt und verspeist hätte.

Dass die lokalen Chefs und sogar die Behörden machtlos gegen eine solche Grausamkeit dastehen, ist eine Schande. Oder was denkst du? Ich weiß, solche heidnischen Merkwürdigkeiten mit der Hexerei haben irgendwann vor dem Zeitalter der Aufklärung auch hier bei uns existiert. Das erklärte mir jedenfalls einmal ein Freund, der Theologe ist. Aber warum haben weder der Islam noch das Christentum es bei uns nicht geschafft, solche Mentalitäten auszurotten? Kann es sein, dass wir unsere Aufhellung noch nicht erlebt haben? In diesem Fall, was bleibt dann von der These, die besagt, Afrika sei die Wiege der Menschheit? Oder soll man wieder die Theorie der Evolution, die den Sozialdarwinisten so teuer ist, noch einmal berücksichtigen und wagen zu behaupten, dass wir irgendwo auf der Strecke geblieben sind, zwischen dem *Homo sapiens* und dem aufgeklärten Menschen? Mein Freund, ich weiß, dass solche Überlegungen dir nicht gefallen, aber kann man diese Fragen überhaupt vermeiden?

Du wirst, lieber Freund, denken: für wen hält er sich, um sich überhaupt klügere Gedanken über unser Leben zu machen? Auch wenn du es nicht glaubst, ich bin auch und bleibe ein Landsmann von dir. Mach dir keine Sorgen, ich habe nicht vor, im ganzen Brief von euch zu sprechen. Jetzt öffne ich das Kapitel von wenig schmerzhaften Neuigkeiten. Ich möchte über die Entwicklung meiner Kinder sprechen. Wie schnell die Kinder heute aufwachsen! Meine Kleinen überraschen mich immer wieder mit der Reife ihrer geistigen Arbeit und die Gründlichkeit ihrer Überlegungen.

Uwe, mein Sohn, kam eines Tages von der Schule mit einer Frage zurück, die lautete: „Jakubu, mein Lehrer hat mich heute in der Klasse gefragt, ob die Leute in Afrika immer noch auf Bäumen leben?". Ich dachte, ich hörte nicht richtig. „Dein Lehrer? ... Dein Lehrer fragt das? Wie kommt er darauf, dir diese Frage zu stellen?" fragte ich voller Wut, da ich mir schwer vorstellen konnte, dass ein Lehrer eines ganzen Kontinents so unkundig sein konnte. Plötzlich fielen mir die

Erlebnisse von Peterson ein. Hatte ich dir schon das Erlebnis von Peterson, unserem Physiklehrer aus Washington, erzählt? Wir nannten ihn „Teacher Heulpeter".

Unsere Schule hatte ein Austauschprogramm mit einer amerikanischen Schule entwickelt, das darin bestand, dass Letzteres uns jedes Jahr einen Physiklehrer als Gastlehrer schickte. Als Gegenleistung sollte sich unsere Schule aus finanziellen Gründen damit begnügen, jedes Jahr einen Lehrer - meistens war es ein Englischlehrer - zu verpflichten, Brieffreundschaft zwischen den Schülern beider Partnerschulen zu koordinieren und zu betreuen.

Da sich die erste Lehrerin, die aus den Vereinten Staaten zu uns kam, in einen unserer Lehrer verliebt hatte und für immer blieb, beschloss unsere Partnerschule das folgende Jahr, einen Mann in die Mission zu schicken. So kam Peterson zu uns. Unser Physiklehrer war angekündigt, und wir hatten unsere Englischkenntnisse auf Topniveau prüfen lassen, um ihm eine Überraschung zu bereiten und bei ihm Bewunderung hervorzurufen. Wochenlang hatten wir uns mit unserem Englischlehrer mit der amerikanischen Geschichte auseinandergesetzt, typisch amerikanische Lieder und sogar die Nationalhymne gelernt.

Sobald Peterson in dem Empfangsraum erschien, lief alles wie geplant. Wir begrüßten ihn auf

165

Englisch und applaudierten ihm minutenlang. Als wir mit den ganzen feierlichen Handlungen aufhörten, war selbstverständlich unser Lehrer an der Reihe. Von ihm hatten wir alles andere als Tränen erwartet. Peterson weinte aber vor uns ungeniert, und wir konnten ihn nur ruhig anschauen, ohne zu wissen, ob es sich um Freudentränen handelte, oder ob unser Lehrer eher von unserem Empfang enttäuscht war. Nach der ersten Szene, die ca. fünf Minuten dauerte, stand unser Lehrer auf, begrüßte uns und entschuldigte sich für seine Emotionalität. Und das alles auf Französisch. An die gebrochene französische Aussprache der Amerikaner waren wir schon gewöhnt seit unserer ersten Lehrerin. Deswegen lachten wir auch nicht wie gewohnt, auch wenn er mit Fehlern sprach. Wir wussten schon, dass die Austauschlehrer nur drei Monate lang Französisch lernten, bevor sie in ihre Mission eintraten.

Erleichtert waren wir, als Peterson uns versicherte, er sei von unserem Empfang berührt und insgesamt positiv überrascht, seitdem er hier eintraf und ganz besonders von unserer Schule. „Sie können sich nicht vorstellen", so formulierte er weiter seine trübsinnigen Gedanken in einer französischen Sprache, die mindestens von der Betonung her eher Englisch ähnelte, „was sich die Leute in Washington über Afrika denken: Wüste, Sand, heiße Sonne, Hütten, Affen auf Palmen, gefährliche Schlangen und Tiere, Menschenfresser, Urwald, Buschmänner und ihre Pfeilen usw."

166

Ganz lustig fanden wir, als er erzählte, er sei mit seiner Pistole hierhergeflogen, die er allerdings am Flughafen abgeben müsste, wo man ihm garantiert habe, dass er hier nichts zu fürchten habe. Da Frau Bill, so hieß die erste Lehrerin aus Amerika, nicht zurückkam, habe es Gerüchte von ihrer eigenen Familie gegeben. Es verlautbarte, dass sie in einem Dschungel von wilden Tieren gefangen gehalten sei und nur Briefe schreiben könnte. Die Anekdote über ihre neue Liebe und ihre Hochzeit mit einem Moslem sei nur eine Erfindung von ihr, um ihre Familie nicht in Beunruhigung zu setzen. So etwa sprach *Teacher* Heulpeter fort:

- Als ich von dem Schuldirektor für das Austauschprogramm dieses Jahres ausgewählt wurde, war ich wie gelähmt. Unser Schuldirektor kannte die wahre Version der Geschichte um Frau Bill und glaubte die auch, weil er selber mehrmals hier gewesen war. Ich allerdings hatte Angst. Trotz seinem Versuch mich davon zu überzeugen, sagte ich: » nur wenn ich mit meiner Pistole rüber fliegen darf «. So fing ich mit dem intensiven Französischkurs an. Ich hatte immer im Kopf, ich würde ein Jahr lang im Wald unterrichten, mit nackten Schülern am Boden sitzend. Und ich würde meine weiße Tafel jeden Tag an einen Baum hängen und darauf mit schwarzer Holzkohle schreiben.

Die Erzählung von Peterson fanden wir auch lustig und sie half uns, die Episode mit dem weinenden Lehrer zu vergessen.

Mein lieber Barka,

das ist alles, was ich für heute zu schreiben habe. Ich weiß, dass deine Zeit sehr wertvoll ist. Deswegen werde ich nicht böse, wenn du auf alle Überlegungen nicht reagierst, die ich in diesem Brief formuliert habe. Eine Antwort von dir würde mich allerdings ermutigen, diese Briefkorrespondenz weiterzuführen. Ich habe Zeit und könnte täglich schreiben, aber es gibt, wie du weißt, keinen einseitigen Briefwechsel. Ich gebe zu, dass diese Brieffreundschaft wichtig für mich ist, weil ich dadurch eine Möglichkeit bekomme, mich zu Themen zu äußern, die mich beunruhigen. Außerdem hilft mir der herzstärkende Gedankenaustausch mit dir dabei, meine Horizonte zu erweitern. Und wenn du zu viel beschäftigt bist, schick mir einfach deine Visitenkarte per Post. Das ist mein höchstes Angebot!

Mit freundlichem Gruß

Dein Freund und Landsmann Jakubu Tschinku.

    &   &   &

Antwort vom Minister

Mein lieber Jakubu,

es war für mich eine große Freude und gleichzeitig eine riesen Erleichterung, zu erfahren, dass du jetzt glücklich bist. Du kannst es dir nicht vorstellen, aber es ist das erste Mal, dass ich, im wahrsten Sinne des Wortes, Freudentränen vergießen musste. Wenn ich ehrlich bin, muss ich zugestehen, dass ich mir große Sorgen um dich gemacht hatte, wegen der Situation, in der ich dich damals gefunden hatte. Du sahst das Leben gerade nicht durch die rosarote Brille. Das Wenige, was man sagen kann, ist, dass du wohl im Schlamassel verweiltest und vom Leben nichts mehr zu erwarten schienst. Jetzt weißt du, dass das Leben uns nicht nur tiefe, sondern auch hohe Momente bereitet. Leider vergessen wir es immer wieder, und der Allmächtige lacht uns von seinem olympischen Standort aus.

Mein Freund, dein Zustand war, ich gebe zu, nicht glänzend. Aber, das kann ich jetzt schreiben, es gibt Schlimmeres. Ja, mein Freund, es hätte schlimmer sein können. Ich denke gerade an eine Greisin, welche die guten barmherzigen Nonnen bei uns vor einer Woche gerettet haben, indem sie die alte Dame in ihr Kloster aufgenommen haben. In unserer Lokal- und Nationalpresse wurde viel über den Fall berichtet.

Die alte Dame wohnte allein jenseits eines Flusses, ohne Verwandte, ohne Bekannte und ohne jeglichen Kontakt mit der Welt, genauso wie ein Eremit. Obwohl sie eine unserer Nationalsprachen sprach, wusste keiner, woher sie kam, wer sie ist und wie sie da, jenseits des Flusses, gelandet war. Da wohnte sie allein in einer Hütte aus Palmenblättern, ohne Lampe, ohne Kleiderschrank, ohne Wäscheschleuder, ohne Seife, ohne Küchengeräte, ohne Salz, ohne Arznei, ohne Spiegel. Nichts ... Wie lange hatte sie dort gewohnt? Womit hatte sie sich die ganze Zeit ernährt? Wie hatte sie sich vor Unwettern, Gewittern, Donnerblitzen, Hochwässern, glühenden Sonnengluten usw. geschützt? ...

Die Antwort auf diese Fragen war für uns alle erstmals ein Rätsel, denn das Einzige, was sie wusste, war: „Ich weiß nicht mehr" oder „der Tod kommt". Ihr Sonnendach über dem Kopf wird wohl nicht für ihren Schutz gereicht haben. Das wissen wir aus den ersten Diagnostiken der Ärzte, die auf einen Sonnenstich hinweisen. Sie müsste sich so lange mit dem Tod beschäftigt haben, dass sie das Leben komplett vergessen hatte. „Der Tod kommt" wiederholte sie, wie aus einem Alptraum. Wie lange hatte sie sich den Tod wünschen müssen? Wie oft hat sie davon geträumt, endlich sterben zu dürfen? Wie oft hatte sie sich mit folgender Weisheit trösten müssen: *„Diesseits ist gut, jenseits bestimmt auch"*? Warum hat sie sich das Leben nicht genommen? „Ich weiß nicht" war ihre einzige vernünftige Antwort. Sie müsste sich vermutlich vor Leichenfressern gefürchtet haben, vor Greifvögeln, Geiern, Karnivoren, Anthropophagen, Kannibalen usw.

Ich denke, sie hätte Selbstmord begangen, wenn sie sich nur sicher hätte sein können, dass der einzige Junge, den sie fast jeden Tag vorbeigehen sah, sie zumindest wie einen Hund beerdigen würde. Auch das konnte sie sich nicht gönnen. Auch diesen Wunsch konnte sie sich nicht erfüllen. Obwohl sie da draußen lebte, hatte sie sich gewiss kein schönes Wetter, kein Essen, kein Trinken, keine neue Bekleidung, kein Auto, kein Haus, ja sogar kein Leben gewünscht. Nur begraben werden, das muss ihr einziger Wunsch gewesen sein. Doch auch darauf konnte sie sich nicht verlassen. Ein Ehrenwort von dem jungen Mann wollte sie. Sie wollte ein Versprechen, dass sie nach ihrem Tod von dem unbekannten jungen Mann bestattet werden würde. Mit dieser letzten Bitte hatte sie sich endlich eines Tages an den jungen Mann gewendet. Da es Letzterem zu schwerfiel, ein solches Versprechen zu geben, entschied

171

er sich lieber, die Greisin bis zum nächsten Kloster zu bringen. So ist unsere mysteriöse alte Dame in der Öffentlichkeit wiederaufgetaucht. So wurde sie unsere namenlose Heldin. So kam sie aus ihrer Kaverne in die Helligkeit, von der Dunkelheit und Finsternis ans Tageslicht. So bekam sie ein neues Lebensgefühl und begann wieder zu leben.

Jetzt weißt man aber, wer die anonyme Krone der Schöpfung ist. Nun kennen wir ungefähr ihre Lebensgeschichte. Kannst du es dir vorstellen? Die Dame hat es wirklich geschafft, ihr ganzes Leben lang inmitten unserer ach! so solidarischen Gesellschaft abgeschieden wie ein Einzelgänger zu leben, unter uns aufzuwachsen und alt zu werden, ohne an unserem Sozialleben teilzunehmen, ohne dass wir in irgendeiner Form ihr Leben mitbestimmen konnten. Jedenfalls erinnert sich niemand daran, dass er mit ihr zu tun gehabt hatte.

Der Überlieferung nach soll diese Frau von Geburt an ein Vollwaisenkind gewesen sein. Im gleichen Augenblick, als sie ihren ersten Schrei ausstieß, soll ihre Mutter ihren letzten Seufzer ausgestoßen haben. Vier Monate bevor sie das Licht der Welt erblickte, soll ihr Erzeuger tödlich verunglückt gewesen sein. Ohne Eltern auf die Welt gekommen, soll sie von einem Onkel aufgenommen worden sein, der ebenfalls danach in einem Autounfall gemeinsam mit seiner Frau starb. Dies soll damals passiert gewesen sein, als unsere mysteriöse Dame acht war und mit einem blauen Auge davonkommen konnte, sich quasi unverletzt aus dem Unglück ziehen vermochte. Da alle Verwandten dann zögerten, der mehrfachen Waisentochter Unterkunft und Verpflegung zuzusagen, entschied sich der *Imam* des Dorfes, der geistliche Vorbeter der islamischen Gemeinde, sie zu adoptieren und sie zu taufen. Auch Letzterer soll unmittelbar danach sein Leben verloren haben. Mit dem plötzlichen Tod des barmherzigen Imams schied somit die damals zwölfjährige Frau aus der kollektiven Aufmerksamkeit aus. „Es-geht-um-Leben-und-Tod" war etwa der letzte Rufname, den man von ihr kannte. Alle ihre Namen hatte man komplett vergessen und niemand wollte mehr mit ihr zu tun haben. Seitdem wusste man weder über ihr Dasein noch über ihr Tun und Lassen, noch über ihr Schicksal. War sie inzwischen gereist? Rätsel. Hatte sie auf demselben Dorf weiter gewohnt? Unwahrscheinlich. Niemand findet die Antwort auf solche Fragen. Weder sie selbst noch die Anderen. Eins ist schon mal sicher: sie muss unbemerkt einen Strauß von Problemen bewältigt haben, allein gegen alle, um bis zu diesem Alter leben zu dürfen. Auch darüber wissen wir nur so viel wie „Ich weiß nicht mehr".

Erst ihre letzte, plötzliche und verzweifelte Gemütserschütterung, ihr letzter Todeskampf, der sie aus unserem Gemeinwesen für immer ausscheiden lassen sollte, genauso wie der Tod es immer macht, erst dieses letzte aussichtslose Bravourstück schaffte es, unsere

Aufmerksamkeit auf die hoffnungslose Greisin zu lenken. Kann es sein, dass wir nur darauf warten, dass eine Person aus unserem Leben ausscheidet, von uns geht, bevor wir sie wahrnehmen? Es scheint mir, als könnte man unsere kollektive Psychologie jetzt so einfach beschreiben. Was glaubst du, Jakubu? Siehst du nicht wie aufmerksam, sorgfältig und großzügig wir unseren Verstorbenen gegenüber sind? Wenn es darum geht, jemandem die letzte Ehre zu erweisen, dann werden wir gebefreudig, Freunde, Feinde, Verwandte, Ex-Frauen- und Männer - alle generös. Hast du das nicht bemerkt?

Aber zurück zu unserem Thema. Wie du siehst, hat auch die arme Greisin eine neue Chance verdient und bekommen. Ja, mein lieber Freund, seitdem die Geschichte der unbekannten alten Damen die Diskussion unserer edlen Salons und Schickeria erfüllt hat, war ich mir sicher, dass du dort auch eine zweite Chance bekommen wirst. Den Zusammenhang? Du hattest vielleicht keine Arbeit und kein Geld. Aber du hattest deine Familie. Auch wenn du deine Frau nicht mehr liebtest, auch wenn sie dich nicht mehr liebte. Sie war da. Und mindestens ein richtiges Begräbnis hätte sie, auch wegen eurer erlösten Liebesflamme, für dich organisieren können. Darüber bin ich mir sicher. Aber ich war mir noch sicherer, dass du aus den Trümmern zum neuen Leben erwachen und die Lebensflamme wieder neu entdecken wirst. Wie ich sehe, habe ich mich in diesem Punkt nicht getäuscht. Der Optimismus, der aus deinem

Schreiben strahlt, gab mir Brief und Siegel darauf, dass alles wieder in Ordnung ist. Sei vorsichtig, damit du nicht mehr so tief runterfällst. Und wenn das passieren sollte, solltest du niemals mehr den Kampf aufgeben, niemals mehr aus der Kurve fallen. Ich hoffe, du weißt noch, was unsere Weisheit hierzu besagt: *„Wenn dein Haus schon brennt, dann warte nicht, bis die Mauern zu Asche verbrennen!"*. Vergiss nie: deine Frau ist nur die Seele deiner Familie und du die Hauptsäule. Dementsprechend musst du auch bei Wind und Wetter wie eine Säule dastehen, im Glück wie im Unglück.

Jakob, es gibt etwas, was ich dir auch erzählen wollte, als du mich damals in meinem Hotel besucht hattest. Das hatte ich aber nicht gemacht, weil ich mir dessen bewusst war, dass du viel zu erzählen hattest. Ich hatte damals nämlich auch meine eigenen Erfahrungen gemacht, die ich weder euch noch jemand anderem bis heute erzählt hatte. Ich habe dieses Erlebnis bis heute wie ein gefährliches Geheimnis für mich allein behalten, weil ich selber wusste, sehr wenige Leute würden mir glauben. So hatte ich meine Erfahrung selbst verarbeiten müssen. Ob es mir gelungen ist, das weiß ich nicht. Ich weiß nur, dass ich eine Lehre daraus gezogen hatte und bis heute niemals mehr aus einem Geschäft ohne meinen Kassenbeleg rausgehe.

Der Zwischenfall geschah schon eine Woche, nachdem ich nach Deutschland gekommen war. Ich ging allein in dieses Einkaufszentrum, das größte. Ich

175

weiß nicht mehr, wie es damals hieß, und ob es heute noch die größte Verkaufsstelle ist. Aber du weißt schon, von welcher Kaufhalle die Rede ist. Eigentlich wollte ich dort gar nichts kaufen. Mir fiel einfach die schwachköpfige Idee ein, einfach bummeln zu gehen, weil ich mich langweilte.

So begab ich mich in die Abteilung für Jugend, Mode und Sportbekleidung. Mindestens zwei Stunden lang blieb ich dort, testete bedenkenlos die Probestücke von Parfums, Düften, Deodorants, Duschgels, Shampoos, Handcremes, Lotionen, Vaselinesorten, Mundwassern und alles, was ich sonst noch fand. Ich betrachtete oder probierte ebenfalls Hosen, T-Shirts, modische Hemden, Sportsshorts, Turnschuhe, Kappen, Mützen, Brillen, Uhren, Chronometer, Wecker, Schwimmhosen, Schwimmgläser, Jogginghosen, Jeans- und Lederjacken, Westen, Sportlerstrumpfhosen, Tennissocken, Gürtel, Handschuhe, Taschen, ja sogar Krawatten und Anzüge. Am Ende entschied ich mich immerhin für ein Paar Schuhe von *Esprit*, allerdings nicht, weil sie mir gefallen hatten, sondern ausschließlich deswegen, weil es sich um modische Stiefel handelte. Es war eigentlich ein sogenanntes Reststück, vermutlich die Stiefel, die von der Schaufensterpuppe getragen wurden, und die deswegen um mehr als achtzig Prozent reduziert wurden. Ja, mein Freund, so modeverzweifelt waren wir alle. Wenn ich mich daran erinnere, dass ich heute vollkommen ausschließe, meinen Kindern modische

Bekleidung zu kaufen, mit der einzigen Begründung, wer modische Kleider anhaben möchte, sollte das Geld dafür selbst verdienen.

Jedenfalls war ich damals, vor Begeisterung am ganzen Körper zitternd, auf die Schuhe von *Esprit* gesprungen, obwohl sie ein bisschen größer als meine Füße waren. Ich wendete mich damit unverzüglich an die nächstmögliche Kasse. Nachdem ich bezahlt hatte - es waren genau vier Mark neunundneunzig Pfennig - ging ich ganz enthusiastisch zum Haupteingang, ohne meinen Kassenzettel mitzunehmen. Ich war noch mindestens vier Meter von der Tür entfernt, als ich das Läuten des Sicherheitsalarms hörte. Irgendjemand musste vor mir rausgegangen sein, ohne bezahlt zu haben. Doch ich hatte mir gar keine Sorgen gemacht. Stattdessen marschierte ich weiter zur Tür, genauso wie Viele es auch taten, die aus dem Geschäft gehen wollten. Kaum hatte ich die Tür überschritten, merkte ich, dass zwei Sicherheitskräfte dastanden und, soweit ich merken konnte, ganz bemüht waren, mich am Fliehen zu hindern.

Sie mussten mich die ganze Zeit durch ihre Kameras beobachtet haben und zu dem Entschluss gekommen sein, dass ich mindestens eine von den vielen probierten Sachen mitgenommen hatte. Deswegen hatten sie auf mich gewartet, mit der einzigen Absicht, mich auf gut Deutsch schaudern zu lassen. Als der Alarm läutete, mussten sie sich in ihrer Vermutung bestätigt

177

gefühlt haben, so dass sie nicht mehr aufgepasst hatten, wer in dieser Zeit die Tür überschritten hatte.

- „Sicherheitsdienst! Komm bitte mit uns" hieß es.

- „Ich? Warum?" tat ich.

- Zeig mal das, was du in der Tüte hast.

Obwohl ich mir sicher war, dass ich unschuldig war, konnte ich in diesem Moment mein Herz so schnell schlagen fühlen, und ich musste tatsächlich kurz überlegen, ob ich wirklich nichts mitgenommen hatte, ohne es zu merken. Ich hatte gehört, es geht manchmal so bei den Kleptomanen, dass sie etwas einsäckeln, ohne sich dessen bewusst zu sein, was sie da tun. Für einen Augenblick hatte ich gefürchtet, dass ich vielleicht ein Stehlsüchtiger wäre, der sich bislang ignoriert hatte. Doch ich blieb ganz ruhig und gab meinem Gegenüber die geforderte Tüte.

- „Hast du die Schuhe gekauft?" war die Frage.

- „Ja" antwortete ich ganz lakonisch.

- Wie viel?

- Vier Mark neunundneunzig Pfennig.

Obwohl der sogenannte rote Preis, der auf den Schuhen noch stand, ganz sichtbar auf „4,99 M" hinwies, dachte mein Diskutant erstmals, seinen eigenen Augen nicht glauben zu wollen.

178

- „Vier Mark neunundneunzig? Und wo ist die Quittung?" fragte er übereilt.

Erst in diesem Moment merkte ich den Fehler, den ich begangen hatte, und der mich gewiss viel teurer hätte kosten können, wenn im gleichen Moment ein dritter mit der gleichen Sicherheitsuniform bekleideter Mann nicht hinzugekommen wäre. Der Neuankömmling, besser gesagt dessen ausgesprochener Satz, war meine Rettung. Er sagte: „Frank, der Mann ist sauber. Der Fall ist geklärt."

Mir war plötzlich klar geworden, dass ich ohne diesen verdammten Kassenbon erledigt war. Doch die Erlösung war glücklicherweise wie ein Wunder eingetroffen. Ich hatte allerdings keine Zeit, um zu realisieren, was inzwischen passiert war, damit die dritte Sicherheitskraft unberufen zu dem Entschluss kam, ich sei sauber. Denn der zweite Kollege, der die ganze Zeit dabei war und keine Fragen gestellt hatte, glaubte zu wissen, dass ich mindestens eine Ware entwendet hatte.

So wurde ich plötzlich durch eine weitere Bitte von diesem, nennen wir ihn zweiten Kollegen, von meinen Träumereien zur bitteren Realität zurückgeholt:

- „Bitte, tu' mal deinen Sack leeren!" sprach er in einem Dialekt, den ich nicht einordnen konnte.

- „Meinen Sack? Ich habe gar keinen Sack dabei" antwortete ich.

- Hast du keinen Hosensack?

- Ach! Du meinst meine Hosentasche?

- Du kannst es nennen, wie du willst. Aber zeig's mal!

Erst in diesem Moment merkte ich, dass wir uns die ganze Zeit geduzt haben, ohne uns zu kennen. Aber es war keine richtige Zeit für Sprachformalitäten. Das war mir klar. Ich hielt also meine beiden Hände hoch und drehte mich, damit er selbst die Hosentaschen prüft, wie er es gern wollte. Das tat er auch und sagte endlich: „Du kannst gehen. Wir bitten um Verzeihung. Das kommt nicht mehr vor".

Dass es nicht mehr vorkommen wird, darüber war ich mir schon sicher, denn aus dieser Erfahrung habe ich vieles gelernt. Seitdem bleibe ich nie lange in einem Geschäft, und nach meiner Quittung frage ich sowieso immer, ehe ich die Kasse verlasse.

Erst nachdem ich mich ganz schnell von dem Einkaufszentrum entfernt hatte, ohne einen Ton von mir zu geben, fing ich wieder an, daran zu denken, welche glückliche Hand mich aus der beschissenen Lage rausgeholt hatte. Vielleicht hatte mein Retter an der Kasse geprüft, ob ich, der schwarze junge Mann, vor paar Minuten bezahlt hatte. Vielleicht war er auch im Geschäft und hat mich unbemerkt die ganze Zeit beobachtet. Vielleicht war er doch einfach so gut, um mir ganz selbstlos in der Not zu helfen. Vielleicht war er ein

180

Engel der Unschuldigen, der dorthin vom Allvater geschickt wurde, um Gerechtigkeit herrschen zu lassen. Egal welche seine Motivationen waren, das war eine gute Lehre für mich.

Mein lieber Jakob,

ich werde nun versuchen, auf die Überlegungen einzugehen, die du in deinem Brief formuliert hattest. Du machst dir besorgte Gedanken, ob und warum wir uns immer noch im Zeitalter der Hexerei befinden? Ich denke nicht, dass es eine Frage vom Zeitalter ist. Zeitalter hin, Zeitalter her, das ist eine Sache, die jeder für sich beantworten muss. Was mich angeht, ich kann nur behaupten, dass wir keine Rationalität brauchen, um uns zu verstehen, um manche hiesigen Realitäten zu begreifen. Wenn ich manchmal wage, unsere Mentalität mit Vernunft zu beobachten, dann nur deswegen, weil die Vorstellung des Zauberers oder der Hexe bei uns auch als eine kollektive Einschüchterungsmaßnahme gilt. Deshalb wird es immer wieder Leute wie dich geben, die sich mit Recht bedroht fühlen.

Je tiefer ich mich mit solchen Fragen beschäftige, desto schneller komme ich zu dem etwas einsichtigen Gedanken, dass wir uns in eine andere Richtung entwickelt haben, von der es weder der Sklavenhandel noch die Kolonisation, noch das Christentum, noch die Islamisierung geschafft hat, uns zum Biegen zu verhelfen. Jetzt fragst du: „welcher Weg ist denn das?". Ich glaube, es ist kein Geheimnis mehr, dass euer Wissen und eure Kenntnisse mehr auf Körper und Geist basieren. Man untersucht in Laboren und Forschungszentren die Mechanismen, durch welche die kleinen unsichtbaren Wesen, die Viren oder andere Seuche, unseren Körper beeinträchtigen können und Krankheiten verursachen.

Bei uns ist es ganz anders. Man konzentriert sich ausschließlich auf unsichtbare Wesen, die unsere Seele verseuchen können und uns krank machen oder sogar töten: Seelenfresser, Fluchworte, Hexerei usw. Jetzt wirst du sagen: „Solche Glauben lassen sich nicht mit Vernunft begründen". Ich gebe zu, mit solchen gehirnlosen Überlegungen können eure Descartes, Leibniz, oder wie die alle heißen, gar nichts anfangen. Aber gerade deswegen ist die Rede vom Glauben. Übrigens, hatten derartige Motive auch in eurer christlichen Kultur nicht existiert? Bestand eine der Hauptaufgaben von Jesus nicht darin, den Seelen zu helfen, indem er die Besessenen vom Teufel befreite? Kann es sein, dass diese Säule kein Bestandteil eurer Kultur mehr ist? Die Frage weißt du bestimmt selber zu beantworten.

Ich kann nur feststellen, dass ausgerechnet diese Säule hierzulande am meisten gepflegt wird. Dafür haben wir auch unsere Ärzte, die sogenannten Zwiegesichtigen, Hellseher, Fetischpriester, Initiierte, Marabuts, Zauberer, oder wie man sie alle nennen mag. Jene Leute, die das zweite Gesicht besitzen, die Begabung haben, die Geheimnisse der Magie kennen oder magische Kräfte beanspruchen können, um vorherzusagen, zu heilen oder leider auch zu schaden. Jene Leute, die alle Bewegungen und Kämpfe der Welt der Geister zu beobachten wissen, um zugunsten der Patienten, ihrer Klienten, oder ihrer Schützlinge einzugreifen und um Liebe und leider auch Hass einzuflößen. Man mag daran glauben oder nicht. Man mag die Macht jener Leute über Menschen, Tiere und Natur in Frage stellen oder einfach verleugnen. Fakt bleibt allerdings, dass es täglich Patienten gibt, deren Schicksal von der Allgemeinmedizin besiegelt wurde, und die allerdings Genesung bei jenen Heilern finden.

Um etwa den Wirrwarr meiner empörten Gedankenflut zusammenzufassen, übernehme ich den Weitblick von Dr. Härtling, einem Landsmann von dir, mit dem ich eines Tages über solche Dinge gesprochen hatte. Härtling ist bei uns ein Regionalkoordinator der „Ärzte ohne Grenzen", der dafür bekannt ist, dass er nicht zögert, Menschen mit chronischen Krankheiten an die traditionellen Heiler zu verweisen. Mittlerweile verfügt sein Krankenhaus sogar über eine Abteilung für sogenannte Alternativmedizin, wo bekannte Heilkünstler, Scharlatans, Ernährungs- und Gleichgewichtsspezialisten, Gymnastiktrainer, Entspannungsforscher, Psychologen usw. zusammenarbeiten.

Als ich Dr. Härtling vor einem Monat traf, wollte ich von ihm wissen, ob er wirklich an die

Fähigkeit der Heiler glaubt. Daraufhin antwortete er: „Herr Minister, in meiner Sprache gibt es ein und denselben Ausdruck für die Wörter »Buchdruckerkunst« und »Zauberei«. Dieser Ausdruck ist »Schwarze Kunst«. Deswegen glaube ich fest an meine Vorgehensweise. Die Erfindung der Buchdruckerei durch Gutenberg und die darauffolgende Gedankenrevolution sind für mich mit der Macht der Zauberei über euer Glaubensbekenntnis gleichzusetzen. Man brauchte nicht an die Buchdruckerei zu glauben, aber niemand konnte den Einfluss dieses neuen Tätigkeitsfelds auf die kollektive Psychologie leugnen. Genauso erlebe ich es hier bei euch. Meine Aufgabe als Arzt besteht nicht darin, meinen Glauben zu schützen, sondern Krankheiten zu bekämpfen und Menschen zu heilen. Fakt ist, dass meine traditionellen Fachmänner es schaffen, Kranke zu heilen und Menschen Hoffnung zu geben".

Ja, mein Lieber, das ist genau, was ich denke. Es gibt Leute in unserer Gesellschaft, welche die Vorschriften des Bösen *à la lettre* umsetzten. Jene Menschen, du kannst sie Mikroben oder Viren der Seele nennen. Wir nennen sie hier Seelenfresser oder kurz Hexe. Dafür brauchen wir auch unsere Medizinmänner, die die Inkubationsformen der Seelenkrankheiten zu erforschen versuchen, die Methoden und Aktionsformen der Hexen entdecken und Lösungen vorschlagen. Vielleicht kommt doch, wie du sagtest eine Epoche, wo wir solche

Sachen nicht mehr brauchen werden. Im Moment gehört das zu unserem Alltagsleben.

Was die negative Seite der ganzen Situation angeht, wie z.B. die Fälle, die du in deinem Brief beschreibst, kann man nur hoffen, dass solche Fehlurteile nicht vorkommen. Im Übrigen, Gott weiß, dass solche Anschuldigungen heute nicht ohne gerichtliche Konsequenzen sind. Da machen doch die Lokalbehörden vieles und unsere Vorschriften sind ganz klar: darüber herrscht null Toleranz. Hexenverfolgung darf nicht existieren. Wer sich der Hexenjagd schuldig macht, wird mit dem Gefängnis rechnen müssen.

Jakubu, du hast aber Recht, wenn du schreibst, dass solche Überlegungen mir nicht gefallen werden. Die gefallen mir nicht, aus dem einfachen Grund, dass ich keine Extremen mag. Ich mag die Leute nicht, die aus einer Mücke einen Elefanten machen. Genauso hasse ich Menschen, die alles banalisieren. Gewiss bin ich nicht derjenige, der die Zauberei oder, wie du sagtest, die abergläubischen Dummheiten, verteidigen wird. Aber ich gehöre auch nicht zu denjenigen Menschen, die den Teufel überall vermuten. Jenen Leuten, die ihre eigenen Wurzeln so im Ausmaße verlieren, dass sie sich beispielsweise weigern, unsere lokalen Kräutermischungen einzunehmen, weil sie darin keine natürliche Heilwirkung der Pflanzen, sondern irgendwelche teuflischen Verfluchungen sehen. Ich gehöre nicht zu jenen Personen, die allerdings in den Supermärkten

185

dieselben Kräuter in Form von Tee ohne jegliche ominöse Bedenken teurer kaufen. Jene Personen, die in unserer pflanzlichen Zahnbürste eine Versuchung Luzifers in Person wahrzunehmen scheinen, und die sich stattdessen ohne irgendwelche unlauteren Absichten die teure Zahnpasta mit pflanzlichen Heilwirkungen von *Colgate* aus der Apotheke besorgen. Jene Individuen, in deren Augen das Essen mit bloßen Händen nicht mehr und nicht weniger als eine fetischistische Sitte ist und die stattdessen beim Essen eine lächerliche Theatervorführung liefern, indem sie abwechselnd die Gabel und den Löffel in derselben rechten Hand manövrieren, während das Messer unbenutzt am Tisch liegen bleibt. Mittlerweise versuchen manche sogar, sich mit der Kunst Buddhas vertraut zu machen, indem sie sich mit Essstäbchen quälen. Eine komischere Vorstellung als die eines jungen Mannes, der die Lächerlichkeit zu einem höheren Grad gebracht hatte, indem er eine sogenannte interkulturelle Esskunst entwickelt hatte, habe ich nirgendwo mehr erlebt. Seine „Kunst" bestand darin, sich einer Gabel in der rechten Hand und eines Stäbchens in der linken Hand zu bedienen, um zu essen.

Ja, mein Freund, ich gehöre nicht zu den von Komplexen besessenen Menschen, die unsere traditionellen Gewänder und Bekleidungen nie tragen würden, die sie zu sehr an Sitten und Zeremonien erinnern, welche in ihren Augen nur heidnische Bräuche sind. Dass die Stoffe dieser Festgewänder eigentlich immer aus hundert Prozent Baumwolle bestehen, handgewebte Einzelstücke und keine Serienproduktion sind, also spezielle Anfertigungen und einzigartig sind, diese Qualitäten finden bei jenen Leuten keinen Anklang. Stattdessen sind sie bereit, ach! die Armen, mit vierzig Grad Celsius die Kleider zweiter Hand wie Winterbekleidungen, T-Shirts, entfärbte Bluejeans usw. aus den Floh- und Trödelmärkten sorgfältig ausfindig zu machen und zu kaufen, nachdem sie unbewusst folgenden Vertrag stillschweigend unterschrieben haben:

Dies ist ein Vertrag zwischen Ihnen und dem internationalen Konzern für alte Klamotten, einer Gesellschaft, die sich ständig darum bemüht, damit der Auswurf Ihrer Baumwolle gewaschen, gebügelt und möglichst einwandfrei zu Ihnen mit vollem Recht zurückgeht. Mit dem Kauf dieses Produkts stimmen Sie allen Bedingungen und Konditionen dieses mündlichen Vertrages zu.

Wir müssen Sie auf die Risiken und Nebenwirkungen dieses Produkts hinweisen: Sie sind gehalten, den Inhalt dieses Vertrags für sich geheim zu halten und absolutes Stillschweigen darüber zu bewahren. Bitte machen Sie keine Werbung für uns. Sie dürfen beispielsweise nicht verraten, dass dieser Artikel aus den Altkleidersammlungen des Roten Kreuzes stammt. Preisen Sie stattdessen an, dass Sie Ihr

*Produkt bei dem anerkanntesten Markenladen Ihrer
Region erworben haben.*

*Ferner verpflichten Sie sich durch diesen Ver-
trag, kostenlose Werbung für die Firmen unseres
Konzerns zu machen, indem Sie die Werbeslogans,
die auf Ihr neues Produkt eingeprägt wurden, weiter-
verbreiten: Coca-Cola, Puma, Adidas, Lacoste,
Nike, Marlboro usw. Falls Sie sich für eine unserer
Waren entschieden haben, die nicht zu solchen Mar-
kenartikeln gehören, dürfen Sie ruhig ein Zeichen
dieser Töchterfirmen auf Ihr neues Produkt einsäu-
men lassen. Selbstgebastelte kommaähnliche Zeichen, kleine Krokodile, Flaschen oder Zigaretten-
schachteln auf Ihrer Kleidung zählen noch nicht zu
Markenpiraterie, sondern sind ein Zeichen Ihrer
Treue zu unseren Produkten.*

Viel Spaß mit Ihrem neuen Produkt.

Nein, mein Lieber, ich gehöre gewiss nicht zu
den entfremdeten Menschen, die in jedem Märchen-
abend oder in jeder Stunde des Erzählwettbewerbs - wo
es eigentlich nur darum geht, unsere unbestreitbare Begabung für die Oralität an jüngere Generationen weiter-
zugeben - eine Verschwörung gegen den Allmächtigen
sehen. Jenen Individuen, die stattdessen ihren Kindern
Kassetten, CDs und mittlerweile Video-CDs besorgen,
damit sie lernen, so wie ihre geistlichen „Reverends"

aufzutreten. Jenen Personen, die ihre Geburtsgeschichte zu ändern versuchen, damit sie in einem Stall zur Welt kommen, so dass ihr erster Schrei am Muhen der Lämmer und Kühe Resonanz findet. Jenen Menschen, für die das Wasser von Eden *Evian* heißt und die Früchte vom verbotenen Baum keine Äpfel oder Birnen, sondern Erdnüsse oder Kokosnüsse waren. Jenen Geistesgestörten, die ihre Maniokwurzeln in rundförmige Scheiben schneiden, damit sie wie Eucharistiehostie aussehen und die Flaschen von Bordeaux-Wein mit dem Lokalwein einfüllen, um ihn trinken zu dürfen. Manche bemühen sich mittlerweile, an gewissen Tagen ihr Brot mit Maismehl in traditionellen Holzöfen selber zu backen, damit sie sich sicher sind, dass sie ungesäuertes Brot zu sich nehmen.

Jakubu, du denkst gewiss nun: „Was für eine Blasphemie, solche Entheiligungen!". Aber ich sage nur: „Was für ein Jammer!". Diese Albernheiten lehne ich vollkommen ab, genauso wie die derjenigen, die einen Gott in allen selbstgebastelten Kreaturen identifizieren wollen. Mittlerweile sind sogar Autos, Computer, Handys, Spielkonsolen usw. Götter für manche Leute geworden. Es sind die gleichen abergläubischen Vorstellungen, die uns dazu bringen, wie du sagtest, in jeder alten und armseligen Person eine Hexe zu sehen. Da hast du Recht.

Mein Guter, es war nicht meine Absicht, dich über solche Themen zu belehren. Aber ich habe mich durch deine Überlegungen angesprochen gefühlt und musste darauf reagieren. Und damit schließe ich für heute. Richte bitte schöne Grüße von mir an Uta!

Dein Freund Barka

Zweiter Brief von Jakubu

Sehr geehrter Minister, lieber Barka,

eigentlich habe ich mir vorgenommen, in dem vorliegenden Brief über alles andere als über mein Familienleben zu schreiben, da du es schon bis ins kleinste Detail kennst. Aber, wenn ich nicht über meine Kinder schreiben will, dann gibt es nur noch ein Thema, leider kein gutes, das uns allen hier den Kopf zerbricht. Du kannst dir nicht vorstellen, wie wahnsinnig wir alle aufgrund von Terrorangriffen geworden sind.

Niemand fühlt sich mehr sicher. Jeder von uns betrachtet sich überall und immer in Gefahr. Dass wir uns vor Anschlägen fürchten, ist allerdings die eine Seite der Medaille. Die andere Seite unserer verzweifelten Situation ist, dass unsere Sicherheitskräfte, die uns schützen sollten, noch nervöser werden. Somit werden wir alle als potentielle Menschenbomben betrachtet, die jeder Zeit explodieren können. Sogar im Land von Kant, Goethe, Schiller oder wie sie alle heißen, auch hier sind die verzweifelten Gedanken nicht mehr zollfrei. Man muss immer mehrmals seine eigene Zunge drehen, mehrmals verstohlene Blicke werfen und mehrmals überlegen, bevor man etwas in der Öffentlichkeit zur Sprache bringt oder etwas unternimmt. Jede falsch eingesetzte Mimik oder Gestik kann für Aufregung sorgen, ein Heer von Sicherheitskräften in Bewegung setzen und viele Kosten verursachen. Ich versuche dir von einem Vorfall zu erzählen, den ich selber erlebt hatte. Wie ich dich nun mal kenne, wirst du nur darüber lachen:

Vor zwei Wochen fuhr ich nach Forbach. Du kennst doch diese kleine Grenzstadt auf der französischen Seite, oder? Wie ich dir das letzte Mal erzählt hatte, gehe ich normalerweise niemals ohne meinen Ausweis aus dem Haus. An dem besagten Tag hatte ich ihn allerdings vergessen. Als ich mich daran erinnerte, dachte ich: „es gibt sowieso keine Kontrolle mehr an der Grenze". Einen augenscheinlichen Leitgedanken hatte ich vergessen: Europa bildet sich mittlerweile auch zu Ungunsten der Nichteuropäer. Und ohne meinen Ausweis bin ich, Gott weiß, ein perfekter Nichteuropäer.

Ich war noch im Zug, als zwei französische Grenzschutzpolizisten im Wagon auftauchten. Der Wagon war voll von Leuten aus verschiedenen Kontinenten, glaubt man zumindest der Hautfarbe. Leider habe ich die aggressivste Hauptfarbe, die am besten die Herkunft verrät. Beide Beamten kamen direkt zu mir und fragten mit noch weniger Respekt als die deutschen Polizisten, die, so durchaus mein Eindruck, in der Regel mit genug Ruhe und Geduld handeln. „Police française!" heulte einer von ihnen, zeigte mir sein Armband und fragte nach „Vos papiers" (Ausweis).

Wenn ich den Anforderungen des Tages nicht gewachsen wäre, hätte ich gefragt, warum ich gezielt nach dem Ausweis gefragt werden musste und warum nicht die anderen Fahrgäste. Meine Frage hätte sicherlich nichts an der Sache geändert. Aber ich hätte mir sie trotzdem erlaubt, wenn der Ton des Polizisten für mich nicht so drohend geklungen hätte. Ich wollte kein Risiko eingehen. Da der Zug ohnehin schon den Bahnhof von Forbach erreichte, begnügte ich mich damit, zu murmeln: „Ich muss hier aussteigen". „Kein Problem, erwiderte der Koloss, wir wollten auch hier aussteigen. Kommen Sie, wir regeln alles draußen".

Draußen ging die Befragung wirklich weiter. Obwohl ich versucht hatte, zu erklären, dass ich Deutscher bin, und dass ich hier nur einkaufen wollte, hatte ich sie nur sagen hören: „Es tut mir leid für Sie, Deutscher, ich will entweder einen deutschen Nationalausweis oder einen Pass mit Visum sehen. So bin ich mir sicher, dass Sie überhaupt zu uns kommen dürfen". Ich verstand nicht, was mit „zu uns" gemeint war: Deutschland, Frankreich oder Europa? Ich hatte keine Zeit, um diesen anziehenden Gedanken zu vertiefen, als ich sie sagen hörte: „Kommen Sie mit uns. Wir müssen noch prüfen, ob sie bei uns bleiben dürfen". „Wohin denn?" erkundigte ich mich und erhielt als Antwort: „Police des frontières".

In dem düsteren Gebäudekomplex der Grenzschutzpolizei angekommen fingen die Beamten an, alle

193

Gegenstände zu beschlagnahmen und zu registrieren, die ich dabei hatte: „eine Armbanduhr, ein Geldbeutel mit fünfunddreißig Euro neunundsechzig Cent, ein Passbild von einer Frau, ein Passbild von einem Mädchen, ein Passbild von einem Jungen, ein Präser... ein Kondom, ein Paar Schuhe, eine Mütze, ein Handy. Warum ist Ihr Handy ausgeschaltet?".

Ich war schon mit den Nerven am Ende und wollte nicht mehr antworten. „Schalten Sie das Handy ein!" hieß es. Ich konnte schweigen, um meinem Gesprächspartner zu signalisieren, dass ich den Schwachsinn nicht mehr mitmachen wollte. Aber ich wusste ganz genau, dass ich mich nicht weigern konnte, das zu tun, was die Beamten von mir verlangten. So riss ich unanständig das Handy aus den Händen des Polizisten, schaltete es ein, gab meine PIN-Nummer ein und gab es ihm zurück.

Sobald das Handy in der Hand des Beamten gelandet war, fing es an, zu piepsen: „piep... piep... piep...". Das war eigentlich das Signal, dass der Akkumulator leer war und aufgeladen werden sollte. Das weiß jedes Kind. Doch mein Gegenüber dachte schon an etwas Anderes. Es war in einer Zeit, wo der Name von Ben Laden auf allen Lippen und in allen vernünftigen Gedanken wie ein Geist herrschte. Ausgerechnet in diesem Moment schaute der Polizist auf das Display vom Handy und las „Bat. Lad.", was genauso viel wie „Batterie Laden" bedeutet. Da der Monsieur kein

Deutsch konnte, dachte er „Ben Laden" gelesen zu haben.

Plötzlich schrie er „Was soll das?" und, bevor ich überhaupt verstand, was seine Aufregung motiviert hatte, fing wieder das Handy mit „piep..., piep..." an. Da verlor der Polizist die Kontrolle und warf das in seinen Augen gefährliche Gerät durch das Fenster, und zwar mit all seiner Kraft und weit, sehr weit, nach dem Motto: „Es geschehe, was wolle, aber nicht hier".

„Was soll das heißen?" fragte ich diesmal ein bisschen amüsiert. Ich bekam keine Antwort auf meine Frage. Auch mein Gegenüber schien erst dann verstanden zu haben, dass er eine gute Gelegenheit verpasst hatte, seine Nerven zu kontrollieren. Aber das gab er natürlich nicht zu. Stattdessen forderte er die Unterstützung seines Kollegen, der offensichtlich ein paar Brocken der Sprache Goethes beherrschte. Nachdem der Monsieur seinem Berufsgenossen erklärt hatte, das Handy habe angefangen, wie eine tickende Handgranate zu piepsen, und er habe auf das Display „Ben Laden" gelesen, erst dann verstand ich, was in seinem Kopf lief.

Obwohl ich das Missverständnis erklären konnte, dessen ungeachtet, dass die Beamten mir versicherten, sie würden mir ein neues Handy kaufen, war die Lage, soweit ich sie noch beurteilen konnte, schon in eine kompliziertere Situation geraten. Wer geht schon das Risiko ein, einem mutmaßlichen Terroristen aufs

Wort zu glauben und ihn durch die Maschen der Ermittlung schlüpfen zu lassen?

Ab diesem Zeitpunkt wurde ich uneingeschränkt wie ein gemeiner Verbrecher behandelt. Ich musste mich nackt ausziehen, damit, so die Worte des Polizisten, auf Nummer sicher gegangen werden konnte. Statt Sprengkörper fanden die Beamten allerdings nichts Anderes als meinen vor Furcht klein und kaum sichtbar gewordenen Penis, so dass einer von denen der Versuchung nicht widerstehen konnte, Spaß über meinen „Mini-Schwanz" zu machen. Danach wurden meine Fingerabdrücke gespeichert und Bilder von mir mit einem Namenschild am Hals gemacht. Ernst dann hatten die Beamten daran gedacht, die deutsche Grenzschutzpolizei anzurufen und zu fragen, ob dort mein Name bekannt war. Obwohl sie die Bestätigung bekommen hatten, dass ich die deutsche Staatsangehörigkeit hatte, war mein Leiden noch nicht zu Ende.

Ich war total erstaunt, perplex und verlegen, als es hieß: „Sie werden bei uns bleiben, bis die Präfektur entscheidet, was wir mit Ihnen tun werden". Ich versuchte zu protestieren, aber es war zwecklos. „Wir können Sie nicht auf eigene Verantwortung weglaufen lassen" war die lakonische Antwort des Beamten. Immerhin bekam ich eine Liste von Anwälten, die in Metz tätig waren und die Frage, ob ich jemanden anrufen wollte. Als ich es verneinte, hieß es: „Stehen Sie auf, wir bringen Sie in Ihre Zelle, bis der Präfekt über Ihr Schicksal

entscheidet. Wir behalten Ihre Sachen und Ihren Geldbeutel hier. Wenn Sie essen möchten, können wir für Sie
etwas mit Ihrem Geld kaufen".

Ich hatte schon beschlossen, nicht mehr zu sprechen und konnte also nicht sagen, ob ich essen wollte
oder nicht. So fing ich meinen kleinen Hungerstreik an,
ohne zu wissen, wann ich davor befreit werden sollte.
Ich landete in meiner Zelle, einem etwa acht Quadrat-
meter kleinen Raum, dessen einziges Fenster mehr als
zwei Meter vom Boden hochgestuft war. Die einzige
Wohnungseinrichtung, eine Art Liegebank aus Beton,
lag in einer Ecke, so dass der Gefangene nicht darauf
treten konnte, um durchs Fenster zu schauen. Die Be-
leuchtung konnte man nicht nach Belieben steuern, da
der Lichtschalter nur von außen betätigt werden konnte.
Weder Wasserhahn noch Waschbecken, noch Toilette
waren vorhanden.

Nach einer Stunde Aufenthalt in meinem Un-
glückssalon fing ich schon an, zu jaulen, weil ich aufs
Klo gehen wollte. Aber ich musste schnell auf meine eigenen Kosten feststellen, dass keiner mehr da war, und
dass ich meinem Schicksal überlassen zu sein schien. So
beschloss ich, mich in meiner schon stinkenden Zelle zu
erleichtern und zu pinkeln. Meine Gefangenschaft dauerte den ganzen Nachmittag.

Erst um achtzehn Uhr hörte ich die Tür aufge-
hen. Die beiden Polizisten, die mich dorthin gebracht

hatten, kamen noch einmal und hatten ein nagelneues Handy in der Hand: „Monsieur Wagner, hieß es, Sie können mit uns kommen. Für Ihr Einkaufen ist es leider zu spät. Wir fahren Sie bis zu der deutschen Grenzschutzpolizei. Das nächste Mal, wenn Sie die Grenze überschreiten, vergessen Sie bitte Ihren Ausweis nicht. Wollen Sie dieses Handy haben oder sollen wir für Ihr Handy zahlen?". Ich wusste ganz genau, dass das mitgebrachte Mobiltelefon teurer als mein altes war. Deswegen entschied ich mich dafür und ließ mich zur Grenze fahren, ohne einen winzigen und demütigen Ton von mir zu geben.

Ja, mein Guter, ich erzähle diese Geschehnisse, damit du weißt, wie unsicher wir alle jetzt sind. Ich weiß nicht, ob wir uns vor den Terroristen oder eher vor den Fehlern unserer Sicherheitskräfte fürchten sollten. Je intensiver ich über die ganze Situation nachdenke, desto schneller komme ich zum Entschluss, der Grund dieser Unsicherheit liegt in unserer Natur. Es scheint, als hätte unsere Psychologie einen Rücksprung in das neunzehnte Jahrhundert gemacht. Gewissensmasturbation, so würde ich die Psychologie der heutigen Welt beschreiben, wenn ich ein Psychologe wäre. Denn jeder versucht sein eigenes Ego zu befriedigen, indem er sich als eine „bessere Art" einstuft. Ja, bessere Art. War es nicht diese Formel, die von den Sozialdarwinisten verbreitet wurde? Ich versuche nur, es zu verstehen.

Man sieht im Anderen den Bösen, den Armen, den Schwarzen, den Juden, den Weißen, den Araber und nicht den Menschen. Man beschreibt den Grenznachbarn gern als eine Missgeburt, ein Unkraut. Der Nächste ist das Problem und nicht ich. Wie komme ich eigentlich zu diesen dubiosen Gedanken? ... Ich wollte einen Zusammenhang herstellen, wie und warum unsere Welt verrückt geworden ist. Heute führte ich im Bus eine Unterhaltung mit drei Unbekannten: einem Deutschen, einem Polen und einem Rumänen. Eine Diskussion im öffentlichen Verkehrsmittel, das ist kein Tagesbrot hier. Ich gebe es zu. Es kommt vielleicht davon, dass unsere Gegend hier sehr kosmopolitisch ist. Da wird auch das Unmögliche manchmal möglich gemacht.

In der Unterhaltung, die zwischen den Insassen des Busses lief, ging es darum, welche Rasse mehr Platz auf unserer Erdkugel bewohnt und wer schuld daran ist. Nur damit du siehst, wie wir miteinander in dieser Welt umgehen, was die Nächstenliebe für uns heute bedeutet. Was ganz ruhig als normales Gespräch über meine kinderreiche Familie in Afrika anfing, drohte im nächsten Augenblick unkontrollierbar zu werden.

Es war der Rumäne, der sich den Scherz erlaubte, indem er bemerkte, dass meine Familie mit fünfzehn Kindern zu den potenziellen Bomben der kommenden Jahrzehnte zählte. Er meinte, dies in einer seriösen Zeitung gelesen zu haben. In seiner Lektüre soll die Rede davon gewesen sein, dass Afrika und China zu viele Kinder in die Welt setzten, obwohl ihre Wirtschaft dieser Entwicklung nicht folgen würde.

Normalerweise reagiere ich immer gleich, wenn jemand versucht, Afrika wie ein einziges Land darzustellen. Ich hätte geantwortet: „Afrika ist ein Kontinent und China ein Land. Das musst du erstmals wissen, wenn du schon seriöse Zeitungen liest". Aber das war nicht der Kern der Diskussion. Und deswegen begnügte ich mich mit der Bemerkung: „Warum kümmert sich deine seriöse Zeitung nicht lieber um die immer älter werdende Bevölkerung bei uns? Ist dies keine Bombe?" Plötzlich vergaß mein Gegenüber, dass es sich in seiner seriösen Zeitung um Statistiken und Projektionen handelte und sagte: „Aber das ist heute nicht unser Problem. Unser Problem heißt heute Arbeitslosigkeit und nicht Arbeitskräftemangel". Daraufhin antwortete ich: „Das Problem in Afrika heißt auch heute nicht Überbevölkerung, sondern die Wirtschaft aufbauen. Und dies tut man nicht ohne Menschen".

Unser Gespräch hatte ein älterer Mann mitverfolgt. Der Mann, der natürlich Deutscher war, fragte mich: „Entschuldigen Sie, sind Sie Deutscher?", worauf ich mit einem lakonischen „Ja" antwortete. Der ältere Mann, der mir vor kurzem sympathisch erschien, ließ ein sarkastisches „das ist aber angenehm!" aus dem Mund fallen, mit der Betonung auf „angenehm". Obwohl seine Argumentation mir eher wie ein Gespött klang, gab er mir doch Recht in der Diskussion, die sich zwischen mir und dem Rumänen installiert hatte. Er sagte: „Sie haben Recht, mein Mitbürger. Die Veralterung unserer Bevölkerung ist auch ein großes Problem. Das gefällt mir nicht. Ja, wir haben zu wenige Kinder. Keine richtigen deutschen Kinder. Stattdessen werden unsere Städte immer bunter. Die Polen und Türken kommen zu uns und das Einzige, was sie zu tun wissen, ist Kinder zu machen und von unserem Sozialsystem zu profitieren."

Ab diesem Punkt war unsere Unterhaltung keine Diskussion mehr, sondern ein Kontrovers, in dem jeder versuchte, auf gut deutsch, den Bösewicht herauszufinden, der natürlich jeder andere sein konnte, außer man selbst.

Der Rumäne, der gerade die Sünder in Afrika und China gefunden hatte, wurde von dem Polen angegriffen, der auch im Bus war und sich bis jetzt nicht zu Wort gemeldet hatte. Er musste sich durch die Argumentation des Deutschen bezüglich der polnischen Invasion angegriffen gefühlt haben. Denn er formulierte seine eigene Position wie folgt: „Ich komme aus Polen und muss klarstellen, dass wir Polen nicht zu viele Kinder haben. Was stimmt ist, dass wir euren Arbeitsmarkt kaputt machen, da wir bereit sind, billiger zu arbeiten. Aber, glauben Sie mir, es kann nur schlimmer werden mit dem Beitritt von Ländern wie Rumänien oder Bulgarien in die Europäische Union. Diese Leute sind sehr arm, ärmer als die Polen und wenn sie hierherkommen, werden sie noch billiger arbeiten."

In der Folge der Diskussion habe ich nichts mehr gesagt. Mir schien die Art und Weise einfach peinlich, wie wir miteinander umgingen. Ich hatte nur Mitleid mit der Türkei, China und Bulgarien, die in unserer Unterhaltung erwähnt wurden, obwohl sie keinen Vertreter dabeihatten.

Mein lieber Freund,

sicherlich wirst du denken, dass unser großes Problem eigentlich ein Mangel an Problemen ist. Ich gebe dir Recht, wenn du so denkst. Stell dir vor, worüber wir uns hier erregen und wovon wir krank werden: kaputte Fernseher oder Radios, langsame Computer, verpasste Züge, wechselhaftes Wetter, altmodische Handyklingeltöne, Hundekot, den Musikgeschmack des Nachbarn usw. Ich höre dich ordentlich sagen: Jakob, das alles klingt banal! Es sind aber unsere Probleme. Wir sehen den Stress überall. Dagegen müssen und können wir selbst nichts unternehmen. Dafür brauchen wir die Hilfe des Staates. Der Bürgermeister ist schuld daran, dass vor unserem Haus Hundekot liegt. Die Polizei muss eingreifen, wenn der Nachbar laute Musik hört. Auch da habe ich meine eigene Erfahrung gemacht, damals als ich noch Student war und mir meinen ersten CD-Player gekauft hatte. Zusammen mit dem Freund, der mir beim Transport des Gerätes geholfen hatte, wollten wir selbstverständlich unbedingt alle Funktionen des Gerätes ausprobieren und die Musik genießen. Dass ich den Nachbar durch mein neues Freizeitvergnügen störte, hatte ich ganz schnell erfahren, und zwar nicht von dem Hausgenossen, sondern von zwei Polizeibeamten, die bei mir klingelten:

Der erste Beamte:	Bei uns ist ein Anruf von ihrem Nachbar eingegangen, dass Sie eine ungemeldete Party hier organisieren.
Ich:	Eine Party? Das stimmt aber nicht.
Der zweite Polizist:	Wo sind die Anderen?
Ich:	Welche Anderen?
Der erste Polizist:	Ihr Nachbar will gesehen haben, wie mindestens zwölf schwarze Jugendliche hierhergekommen sind, um zu feiern.

Ich will die Geschichte nicht bis zum Ende aufschreiben. Aber glaube mir, es fiel mir schwer, den Polizisten zu erklären, dass wir nur zu zweit im Zimmer waren, und dass keine Party stattfand.

Das ist unser Leben. Wir brauchen immer den Staat, um unser Zusammenleben zu organisieren. Wir wissen sogar nicht mehr, uns vor normalen

Wetterbedingungen zu schützen. So müssen beispielsweise unsere Parlamentarier neue Gesetze erlassen, um
unsere Bauarbeiter vor Sonnenbrand zu schützen, indem
ihnen ausdrücklich verboten wird, mit nacktem Ober-
körper in der Sonne zu bleiben. Es klingt unseriös, aber
das ist unsere moderne Eigenschaft. Wir müssen vor allem geschützt werden. Vor uns selbst, damit wir nicht
zu viel trinken, uns nicht drogenabhängig machen, keinen Selbstmord begehen oder ähnliches. Vor den anderen Gesellschaftsmitgliedern, damit wir eine Überle-
benschance haben. Vor der Natur, damit sie unserer la-
bilen Gesundheit nicht schadet. Vor Tieren, damit sie
uns nicht mit ihren Krankheiten anstecken. Vor Geräten,
damit sie unsere Nerven nicht beinträchtigen - die Liste
ist endlos.

Ja, mein Guter. Es sind solche belanglosen Probleme, die wir uns selber erlauben, aus Mangel an Problemen. Sicherlich habt ihr dort andere Sorgen als unsere
Ängstlichkeit, die ich in diesem Brief anhand meiner eigenen Erfahrungen zu formulieren versucht habe. Ich
freue mich, wenn du in deinem nächsten Brief darauf
eingehen könntest. Ich bin mir dessen bewusst, dass ich
manche dortigen Realitäten vergessen habe. Alltags-
probleme lassen einem keine andere Möglichkeit, um
über globale Probleme nachzudenken.

Lieber Barka,

ich brenne darauf, bald von dir zu hören.

Warmherzige Grüße an alle Bekannten!

Ganz freundlichst!

Dein Freund Jakubu Tschinku Wagner

& & &
Antwort vom Ex-Minister

Lieber Jakob,

von Beginn an möchte ich dir verraten, dass der Ausgangspunkt deines letzten Briefes mich zum grünen Lachen gebracht hatte: „Sehr geehrter Minister, lieber Barka" schriebst du. Kann es sein, dass du gar nichts von den hiesigen Realitäten mitbekommst? Bei euch gibt es aber die besten und modernen Kommunikationstechniken, wie Internet und solche Sachen. Oder soll ich davon ausgehen, dass du gar nicht mehr daran interessiert bist, zu erfahren, was in deinem Land, ich meine in deiner Ex-Heimat, passiert.

Nee, das war nur ein Scherz. Das war kein Vorwurf. Ich weiß selber, dass unsere Zeitungen nicht im Internet erscheinen. Ich habe nur einen Einstieg gesucht, um dir zu erzählen, dass ich kein Minister mehr bin. Wie es passiert ist? Du kannst nicht glauben, aber wer unseren Boss kennt, der weiß, wozu er fähig ist. Ihm wurde nicht zu Unrecht der Spitzname Chamäleon gegeben. Er ist und bleibt unberechenbar. Jetzt, wo es mit dem inoffiziellen Teil des Wahlkampfes losgeht, und wo jeder Minister sich den Arsch aufreißt, um Ergebnisse zu erzielen, damit er Popularität in der Bevölkerung gewinnt, ausgerechnet in dieser Zeit feuert er alle seine Minister. Treffend haben die Kolumnisten diesen

Regierungswechsel als den politischen Tsunami oder Wahlkampfsharmattan bezeichnet. Du kennst noch den Harmattan, oder? Der hat mich auch getroffen, dieser halb trockene und halb kalte Wind aus der Sahara. Aber, was soll's. Alles hat auch eine gute Seite. Jetzt freue ich mich darauf, dass du mir zum Trotz einfach „lieber Bruder" oder „Mein lieber Freund" schreiben wirst. Es sei denn, du magst immer noch bei deinem offiziellen Stil bleiben und „Minister a. D." schreiben, wie ihr es dort bei euch gewohnt seid.

Mein Freund, ich hoffe, es geht dir und deiner bescheidenen Familie bestens. Mir geht's auch wie am Schnürchen, bis auf die Lage, die ich oben beschrieben habe. Ich bedaure nur eine Sache, die mir am Herzen lag. Ich wollte unbedingt auf Ehre und Gewissen auf der Seite unseres Sohnes Dadja stehen können, der gegenwärtig in eine große Schwierigkeit verwickelt ist. Ach! Vielleicht weißt du gar nicht, wer hier gemeint ist. Dadja, das ist der Sohn von unserem verstorbenen Freund Kubue, der Lehrer geworden war, während wir beide in Deutschland waren. Er ruhe in Frieden! Dabei war Kubue bei seinen Schülern sehr beliebt. Bekannt war er als „Professor Kreide", da er seine Schüler immer wieder mit einem Stück Kreide belohnte, wenn sie auf seine Fragen geantwortet hatten, so dass er jede Woche eine neue Packung Kreide von der Schuldirektion abholen musste.

Vielleicht hast du von seinem Tod auch nichts mitbekommen. Es ist lange Zeit her. Ein Jahr, nachdem ich aus Deutschland zurückgekehrt und im Agrarministerium tätig war. Damals als ich noch Agri hieß, eine Abkürzung von Agrikultur. Du weißt doch, wie gut ich mit unserem verstorbenen Freund Kubue während unserer Schulzeit befreundet war. Zwei Jahre lang hatten wir sogar eine Wohngemeinschaft gebildet. Leider konnte er das Abitur nicht auf Anhieb schaffen, so dass sich unsere Wege so schnell getrennt hatten. Allerdings waren wir im Briefkontakt geblieben - die ganze Zeit, als ich in Deutschland war. Als ich zurückkam, war er bereits ein Biologielehrer mit viel Erfahrung.

Ich sprach allerdings von Dadja, dem Kind von Kubue, seinem dritten und letzten Sohn. Den hatte ich erst jetzt kennen gelernt, in der Zeit, in der er wirklich in großen Schwierigkeiten steckte. Der Junge hatte sich als Polizist ausbilden lassen. Da er hervorragend bei der Ausbildung abgeschnitten hatte, wurde mein Kollege vom Innenministerium auf ihn aufmerksam. Der Innenminister gehörte auch zu unserem Jahrgang vom Bouke-Gymnasium und kannte natürlich auch unseren gemeinsamen Freund Kubue. So wurde Dadja unmittelbar nach seiner Ausbildung einer der Leibwächter des Ministers. Kaum ein Jahr danach brach der Skandal aus, der den Armen mindestens seine Karriere kosten wird. Wir müssen nun beten, dass er nicht lebenslänglich hinter Gitter kommt. Es gab nämlich in der letzten Zeit eine

Schießerei zwischen zweier unserer Sicherheitsbehörden, an der unser Sohn beteiligt war. Die Bilanz: ein toter und ein verletzter Beamter.

Der Zwischenfall liegt einige Monate zurück.
Du weißt selber, wie unkontrollierbar verrückt wir alle
hier werden, wenn das Jahresende naht. Alle verhalten
sich, als sei es das Ende der Welt. Um diese frohe aber
fast apokalyptische Stimmung einigermaßen zu däm-
men, bekommen unsere Sicherheitskräfte immer
strenge Anweisungen, damit sie wach bleiben. Keine
Maßnahme ist in der Tat zu viel, wenn es darum geht,
uns so gut wie möglich zu schützen. Banditen, Einbrechern, Straßenräubern, Gaunern, Dieben, Gangstern,
Briganten, Illusionsverkäufern, Dealern, Betrügern,
Geldfälschern, Zollschmugglern, Gewaltverbrechern,
Delinquenten, Erpressern, Leichenfledderern, welche
den bestatteten Personen die ins Grab mitgegebenen
Wertstücke berauben, Leichenschändern, die gewisse
Menschenorgane zu irgendwelchen ominösen Zwecken
entwenden - allen diesen Verbrechern müssen unsere
Sicherheitsbehörden Einhalt gebieten. Ziel dieser, an
die Polizisten weitergegebenen, strengen Anweisungen
bleibt letztendlich schlicht, dass unsere Bevölkerung
ohne große Aufregung feiert und nicht etwa, dass unsere
Sicherheitskräfte aufeinander schießen.

Doch ausgerechnet in dieser unsicheren Zeit - so
zumindest die Darstellung, die ich von Dadja erzählt bekommen hatte - ging ein anonymer Anruf ans

Innenministerium, der von einer angeblichen Geldfäl-
scherbande auf dem internationalen Marktplatz berichtete. Ohne zu zögern schickte der für die Sicherheit zu-
ständige Beamte alle Kräfte, die noch im Ministerium
waren, auf den Marktplatz los. Leider waren nur die beiden Bodyguards des Ministers anwesend, also unser
Sohn Dadja und dessen Kamerad. Unter dem Vorwand,
sie würden mit ihrer jeweiligen Familie ins Neujahr rut-
schen wollen, waren alle anderen Beamten in der Natur
verschwunden, um die Zahl der besoffenen Kunden der
Nachtbars zu vergrößern.

Da ein anonymer Anruf, vermutlich von derselben Person, auch gleichzeitig ins Zentralkommissariat
eingegangen war, ging auch der Kommissar mit seiner
Truppe auf denselben Marktplatz los. Was dann folgte,
waren rein überflüssige Fehleinschätzungen der Sachlage. Nachdem der Kommissar bemerkt habe, so mein
Informant, dass zwei nicht uniformierte junge Leute be-
waffnet waren, habe er regelrecht versucht, die beiden
Verdächtigen aufzufordern, mit gehobenen Armen und
langsam zu ihm heranzugehen. Doch bevor die beiden
Jungs die Lage zur Kenntnis nahmen, habe schon einer
der Polizisten gefeuert. So soll der Dienstkamerad von
Dadja getroffen und zusammengebrochen sein. Dadja
selbst habe dann zurückgeschossen und den Kommissar
tödlich getroffen.

Nachdem sich die Lage beruhigt hatte, wurden
die beiden Verletzten ins Krankenhaus geliefert, wo der

Kommissar leider seinen Verletzungen erlag. Er ruhe in Frieden! Ich hatte durchaus die Nachricht erst in den Tageszeitungen gelesen und hatte Dadja im Gefängnis besucht. Im Moment, so heißt es offiziell, ginge es um seine eigene Sicherheit. Aber soweit ich die Situation einschätzen kann, braucht unser Sohn wirklich Hilfe, große Unterstützung.

Das Interesse der Öffentlichkeit an diesem Skandal ist nämlich ungeheuerlich groß. Die Angehörigen des verstorbenen Kommissars haben schon alle Mittel dafür eingesetzt, damit der mutmaßliche Beschuldigte für immer eingesperrt bleibt. Es reicht von der Mobilisierung der Lokalanzeiger bis hin zu Handhabungsmechanismen des möglicherweise in Frage kommenden Gerichtshofes, über die Suche und Beeinflussen der Zeugen hinaus. Und das alles, obwohl der Prozess überhaupt noch nicht begonnen wurde. Was kann unser armes Waisenkind in diesem Sachverhalt tun? In einer solchen Situation kann nur Gott einem helfen.

Da ich allerdings fest davon überzeugt bin, dass auch der liebe Gott immer durch die Menschen agiert, hatte ich meinen Kollegen vom Innenministerium darum gebeten, mir zuliebe ein Auge zuzudrücken und alles in die Wege zu leiten, damit der Prozess als eine interne Angelegenheit der Polizei behandelt wird. Wie es aussieht, muss ich obendrein lernen, dass der Volksmund *„ein Unglück kommt selten allein"* gewissermaßen doch seine Richtigkeit hat. Denn ausgerechnet in

211

jener Situation wurden wir alle auf einmal gefeuert und von unseren jeweiligen Ämtern und Verantwortungen getrennt. Ich werde dir über den Ablauf des möglicherweise bald stattfindenden Gerichtsverfahrens in meinen nächsten Briefen berichten. Aber eines kann ich dir noch vorhersagen: Nur der Allmächtige kann unserem Sohn jetzt helfen.

Mein Freund, soll ich dir etwas verraten? Die dortigen Lokalnachrichten, die du mir in deinen Briefen immer wieder erzählst, finde ich nicht nur interessant, sondern auch insofern belangvoll, als sie mir erlauben, an andere Realitäten zu denken. Aber wie du sagtest, solche Bedeutungslosigkeiten sind bei uns keine sorgenerregenden Themen, solche kleinkarierten Launen können wir uns nicht leisten. Im Übrigen geht mir jetzt durch den Sinn, wie wir solche Streitigkeit um wenig hier nennen: „*Querelle d'Allemand*" (deutsche Streiterei).

Stell dir vor, gestern war mein Geburtstag, und mein Vater hat angerufen, ohne daran zu denken. Vater wollte nur wissen, wie es mir geht, und mich daran erinnern, dass ich auf keinen Fall die nächste Großfamilienversammlung verpassen durfte. Bei euch wäre das ein Grund für eine ewige Polemik. Jetzt denkst du: „*Andere Länder, andere Sitten!*". Nein, es ist nicht überall so, nicht immer. Wir möchten auch gern so richtig mit Kerzen, Kuchen, Geschenken, Geburtstagsliedern usw. gefeiert werden. Aber wir haben wirklich größere Sorgen, so dass wir einem nicht böse sind, wenn man solche Formalitäten mal vergisst. Auch wenn Vater nicht von meinem Geburtstag gesprochen hat, weiß ich, dass er mich nicht vergessen hat. Wenn das dich beruhigt, ich kann dir versichern, dass meine Eltern die Geburtstage ihrer Enkelkinder nie vergessen. Ich glaube, sie denken an mich nicht mehr als ihren Sohn, sondern als eine verantwortungstragende Person. Das ist zwar schade, aber auch da liegen sie nicht falsch. Denn Verantwortung ist das Einzige, was in meiner Stellung als Minister am wenigsten fehlt.

Auch wenn unsere Körperhaltung nach Außen so eklatant aussieht, auch wenn es so aussieht, als würden wir alle im Geld schwimmen, sollte man die gute Volksweisheit nicht aus den Augen verlieren, die besagt: „*Es ist nicht alles Gold, was glänzt*". Manchmal sieht es von innen her eher nach Gewitter aus. Dann ist unsere Lage wirklich bemitleidenswert. Stell dir vor, wir müssen ständig mit der Kritik der zum Glück fast immer geteilten Presse und Bevölkerung leben. Eine Presseagentur ist auf mich sauer, weil ich angeblich auf die Fragen ihrer Journalisten nie antworten würde. Die öffentliche Fernsehgesellschaft wirft mir vor, ich würde geheime Abmachungen mit ihrer Konkurrenz, dem einzigen Privatsender, haben. Während die einen Radios befürchten, der Minister sei zu viel unterwegs und immer im Ausland, beklagen sich die anderen darüber, dass man den Minister bei internationalen Konferenzen niemals sehe. Während die einen schreiben, die Familie des Ministers sei zu mediatisiert, finden die anderen, dass man sehr wenig über das Privatleben des Ministers erfahre. Während der Minister als Hauptkläger vor Gericht gegen eine Zeitung wegen Verletzung seiner Privatsphäre steht, schreiben die anderen Zeitungen, der Minister würde es gern genießen, wenn seine eigene Familie täglich auf dem Titelblatt der Boulevardzeitungen stehe.

Was die richtige Profession angeht, da ist die Lage auch nicht rosarot. Der ehemalige Freund der Studienzeit ist nicht zufrieden, weil ich angeblich den Förderkurs seiner Laufbahn blockiert hätte. Weil mein Freund der Partei meines Vorgängers angehöre, der ihm damals schon eine baldige Rangerhöhung versprochen hatte, hätte ich aus Rache seinen Karriereaufstieg rückgängig gemacht. Meine Mitarbeiter finden meinen Führungsstil zum Kotzen, da ich Privatbesuche am Arbeitsplatz und stundenlange Privattelefonate untersagt habe. Der Kollege vom Erziehungsministerium und der vom Handelsministerium sind mit meinem Reformkurs nicht einverstanden, weil ich angeblich ihre Zuständigkeitsfelder beanspruchen würde. Weil ich auf prominente Golfspiele und Partys für hoch mediatisierte Kreise nicht stehe, ist der Sportminister der Meinung, ich würde durch mein asoziales Verhalten glänzen. Dieser Kollege ist zugegebenermaßen für seine bescheuerten Ideen bekannt. Sein bekanntester Unsinn ist der

Vorschlag, tropische olympische Winterspiele zu organisieren. Wie er sich bloß das ganze vorgestellt hat?!! Skispringen, Eiskunstlauf, Eishockey, Eisschnelllauf usw. in einem gefüllten Stadion mit vierzig Grad Celsius? Mit solchen Menschen wundert man sich, wenn überall bei uns weiße Elefanten wie Pilze aus der Erde wachsen!

Wenn meine Nervenbelastung ausschließlich von solchen Schwachköpfen kommen würde, so könnte ich nur sarkastisch lächeln. Leider sind es nicht nur die Kollegen, die einem auf die Nerven gehen. Die Geschäftsführer finden mich übertrieben selbstsicher und zu unerfahren. Die Gewerkschafter denken, ich sei zu rigide und dickköpfig. Die Modebranche mutmaßt, dass meine offene Unterstützung für die Lokalbekleidung unangemessen konservativ und altmodisch sei und die Regel der fairen Konkurrenz auf den Kopf stellen würde. Sogar die Lobbyisten, welche die Künstler, ohne Wenn und Aber, ausnutzen und kaum ein erbärmliches Prozent der Urheberrechte zahlen, ausgerechnet diese Ausbeuter fühlen sich durch meinen neuen Haushalt vollkommen vergessen. Die feministischen Gruppierungen behaupten, das Wort „Gender" sei für mich nur ein Fremdwort. Zum Beleg sei darauf hingewiesen, dass zu wenige Frauen in meinem Kabinett tätig seien. Die Jugendclubs finden mich von ihren Anliegen zu weit entfernt. So soll ich beispielsweise der einzige Minister gewesen sein, der beim Finale der letzten Afrika-

Fußballmeisterschaft nicht im Stadion war. Die Partei ist verärgert, weil ich mich immer seltener im Parteisitz blicken lassen würde. Die Abgeordneten, die eigentlich nicht gerade unglücklich darüber sind, dass ich mich nicht zu sehr ins Parteileben einmische, finden allerdings meinen letzten Auftritt vor dem Parlament albern und schließen daraus, dass ich mich von der Parteilinie entfernt habe. Die Banken finden meinen Reformkurs zu gewagt und nicht genug rationalisiert. Die ausländischen Investoren finden meine Ideen zu sozial. Der Präsident verliert langsam das Vertrauen in mich.

Schafft man endlich, sich flüchtig aus dem Rampenlicht zu ziehen, so warten auch uferlose gesellschaftliche Belastungen auf einen. Der Onkel ist krank, die Cousine hat eine Fehlgeburt, der Neffe hat einen Unfall gebaut, die Eltern müssen ihre Goldene Hochzeit feiern, es ist der hundertste Todesgedenktag des Uropas, die Dorfgemeinschaft organisiert ein Erntefest, die Großfamilie plant eine Versammlung, die Ahnen verlangen nach einer Opferzeremonie, der ehemalige Schulkamerad improvisiert seine zweite Hochzeit, der Regen ist dieses Jahr zu spät daran - egal was es ist, der Minister muss diese Sorgen mittragen. Ist das Nachbarskind ausgewandert, muss der Minister seine Exilstadt ausfindig machen. Ist der ehemalige Hausgenosse in einem bürokratischen Verwirrspielchen stecken geblieben, muss der Minister ihn daraus holen. Herr Minister hin, Herr Minister her.

Für ein privates Leben bleibt natürlich keine Zeit mehr. Bloße Bevollmächtigung der Mitarbeiter reicht sowieso nicht. Man muss überall sein, damit niemand sich benachteiligt oder vernachlässigt fühlt. Politik ist das einzige Lebensfeld, in dem das Doppeltsehen gewünscht wird. Manche lassen sich mit Recht einen Doppelgänger basteln. Aber die Begabung der Zweigegenwärtigkeit reicht oft auch nicht. Man muss sich die Fähigkeit der Omnipräsenz aneignen, damit alle zufrieden sind. Auch im Privatleben ist delegieren quasi tödlich. Der Gemüsehändler findet mich eingebildet, weil ich jetzt einen *Chauffeur* besitze und meine Frau nicht selbst zum Einkaufen fahre. Der Schuldirektor findet es nicht in Ordnung, dass ich bei den Elterntreffen nicht mehr erscheine und stattdessen meine Frau immer schicke. Einmal schrieb mir sogar ein Lehrer, der gleichzeitig der Nachhilfelehrer meiner Kinder ist, einen Brief, in dem es hieß: „Bei allem Respekt muss ich Sie daran erinnern, dass es nicht reicht, einen Nachhilfelehrer einzustellen und Wunder von ihm zu erwarten. Sie müssen sich Zeit für Ihre Kinder nehmen".

Den ganzen Nervenkrieg soll man obendrein nicht nur verarbeiten können, sondern auch imstande sein, nach Außen den Anschein zu geben, dass man alles im Griff hat, auch wenn es nicht so läuft, wie man es sich vorstellt. Unsere Hauptaufgabe als Politiker besteht nämlich darin, so sehe ich es jedenfalls, den Mitbürgern Optimismus zu vermitteln. Wenn wir auch anfangen, bedrückt und bekümmert zu werden, dann ist der Kampf schon verloren. Ja, den Pessimismus können wir uns nicht leisten.

So müssen wir manchmal vieles einstecken, übermenschliche Leistungen erbringen, aber niemals aufgeben und alles wegschmeißen. Denn jede Entscheidung, die winzige wie auch die größte, die einfachste wie die schwerste, die beste wie die dümmste, alle unsere Entscheidungen treffen gleichzeitig die Schicksale unzähliger Menschen und beeinflussen das Leben der Freunde wie Feinde, politischen Gegner wie Parteifreunde, Verwandten wie Unbekannten, reichen wie armen Leute.

Im Gegensatz zu dir, lieber Jakob, darf ich zum Beispiel nicht einfach sagen: „Mir reicht's", oder „Ich habe die Nase voll". Lieber zugrunde gehen als aufgeben und die Erwartungen und Hoffnungen vieler Generationen mit einem Schlag begraben. Wegwerfen bedeutet gleich so viel wie die Interessen unzähliger Menschen mit Füßen treten, meistens sogar auf notleidende Personen eintreten, die schon am Boden liegen. Immerhin dürfen wir wie Affen schwitzen. Sowie der Angstschweiß des Affen nur wegen seiner Behaarung nicht sichtbar ist, in derselben Verhältnisgröße dürfen wir schwitzen. Solange die Paparazzi keine nassen Kleider und feuchten Achselhöhlen fotografieren können, ist alles noch in Ordnung. In dieser Situation bleibt natürlich

218

keine Zeit für fiktive Probleme. Es sind trotzdem nette Geschichten.

Lieber Jakubu,

der Inhalt deines Briefes hat mich sehr berührt, insbesondere dein Erlebnis mit der französischen Polizei. Du hast Recht gehabt, denn ich habe tagelang gelacht, wenn ich nur daran gedacht habe. Ich wusste nicht, dass die Angst vor Terroranschlägen so groß bei euch ist. Hier sind die Überlebenssorgen so groß, dass wir kaum Anschläge oder den Tod überhaupt zu befürchten brauchen. Der Tod, den erlebt man doch immer tagtäglich mit eigenen Augen, wie du weißt. Einer unserer Artisten hat folgendes gesungen: *„Ein toter Bock braucht sich nicht, vor dem Messer zu fürchten"*. So ist es. Wenn wir schon genau wissen, dass wir nach Golgatha hinlaufen müssen, so ist es uns auch egal, ob die Einwilligung zur Kreuzigung von Pontius Pilatus oder von Herodes Antipas kommt.

Man lebt ganz brav und betet einfach, dass einen der Tod nicht trifft, mit dem man fortdauernd unter demselben Dach lebt. Unser Leben ist dem einer Fliege ähnlich. Hast du dir schon einmal die Zeit genommen, um die Fliegen zu beobachten? Da fliegt eine hin und her wie ein Kreisel, ganz sicher und überzeugt von ihrer Kunst. Du guckst, wie schön sie ihr Können auf den Prüfstand stellt, und hörst die schöne eintönige Musik,

219

die aus ihren Flügeln hervorgeht. Du bewunderst sie, bis sie plötzlich in einer Falle gefangen wird, in etwas Unbedeutendem wie einem Spinnennetz. Da siehst du deine Flugkünstlerin einige letzte Tricks versuchen, um sich von dem Netz zu befreien. Meistens ist dieser Kampf erfolglos. Und dann bleibt unsere Flugmeisterin gefangen und wartet geduldig auf Fremdhilfe, wie zum Beispiel die eines Luftzuges oder eines Menschen. Wenn man diese unbequeme Lage beobachtet, hat man keine andere Wahl, als die Fliege zu befreien, indem man das Spinnennetz ausreißt. Da siehst du deine Fliege auf den Boden fallen, als hätte sie plötzlich vergessen, ihren Fallschirm zu öffnen. Am Boden versucht sie noch einmal ein paar Tricks und schon ist sie mit derselben Agilität wie früher wieder in der Luft. Manchmal frage ich mich, ob sie überhaupt wahrnimmt, dass ihre ganze Kunst sie nicht ohne Fremdhilfe vom Tod hätte befreien können?

Ja, mein lieber Freund, so läuft es auch mit uns hier. Oft siehst du die meisten von uns ihre Fahrräder, Motorräder oder Autos hin- und herfahren, obwohl weder sie noch ihr Fahrzeug versichert sind. Bevor wir das Haus verlassen, beten wir, damit Gott uns vor Unfällen bewahrt. An den meisten Tagen funktioniert es tatsächlich. Manchmal hat man aber den Pechtag, und dann sitzt man doch in der Falle eines Unfalls, oder einer Krankheit. Da bleibt man gefangen bis unsere magische Fremdhilfe kommt. Und die heißt bei uns „die

Solidarität der Familie". Je größer die ist, desto schneller wird man aus der Falle befreit.

Aber auch hier, besonders in den Städten, wird das Zusammengehörigkeitsgefühl immer mehr eine seltene Sache. Deswegen bauen wir nun eine Lösung in drei Schritten. Der erste Schritt besteht immer darin, zu versuchen, die Krankheit oder die offenen Wunden des Verletzten durch die Kraft seines eigenen Körpers zu bekämpfen. Falls dies nicht gelingt, tritt der zweite Schritt ein, der darin besteht, Blätter, Rinden oder Wurzeln aus bestimmten Bäumen als Kräutermischung zu verwenden. Je nach Art der Krankheit wird die Mischung entweder getrunken oder als Waschwasser benutzt. Erst wenn diese Methode keine versprechenden Erfolge erzielt, tritt der dritte und ultimative Schritt ein. Erst dann wird der lange Weg zum Krankenhaus gesucht.

Mindestens drei Rosenkranzgebete müssen unverzüglich spätestens ab diesem Punkt eingelegt werden. Man muss einmal ein Gebet sprechen, damit der hippokratische Eid nicht in Versenkung verschwindet, und damit mindestens ein Arzt im Krankenhaus sich durch die verdammte Krankheit belästigen lässt. Man muss zweitens beten, dass die diagnostizierte Beschwerde in den regionalen Krankenhäusern überhaupt behandelt werden kann. Einen Abtransport von Patienten ins teure Ausland können sich nämlich nur wenige privilegierte Menschen leisten. Man muss schließlich dafür beten, dass die Familie die ärztlichen Rechnungen und Rezepte bezahlen kann. Wird eins der Gebete nicht erhört, so droht die Wiederkehr zum zweiten Plan einzutreten, und das heißt, ganz tapfer nach Hause zurückkehren, Kräutermischungen einnehmen und beten.

Jetzt aber Spaß beiseite, lieber Jakob. Die Lage, die ich so dramatisch oben beschrieben habe, soll nicht heißen, dass wir uns überhaupt keine Sorgen über die Terrorwellen machen. Wer dies behauptet, will nur die Wahrheit nicht sehen. Ich habe nur versucht, das Empfinden vom allgemein sterblichen Menschen, der ich jetzt bin, zum Ausdruck zu bringen. Da ich aber, ohne falsche Bescheidenheit, mit den Geheimnissen derer vertraut bin, die wir hier als unsere Staatssicherheit kennzeichnen, kann ich tatsächlich darüber schwatzen, dass die Situation mehr als kritisch ist.

Wie könnte es auch anders sein, wenn unsere Schirmherren auch Probleme haben? Du kennst doch den Spruch: *„Wenn Elefanten kämpfen, muss das Unkraut darunter leiden"*. Wer ist schuld an der ganzen Situation? Meine persönliche bescheidene Meinung ist, dass unsere Beschützer, das heißt eure Länder, uns nicht richtig in der Vergangenheit geschützt haben, und deswegen steht die Welt heute fast ohne Familienoberhaupt da. Wo ich schon unsere kindlichen Gefühle euch gegenüber beschreibe, möchte ich dir meine eigene Lebenserfahrung erzählen:

Ich wuchs, wie du weißt, in einer Stadt auf, die zu neunundneunzig Prozent von Moslems bewohnt war. Mein Vater war ein hochrangiger Beamter im Staatdienst, weit bekannt und gefürchtet. Innerhalb der Minorität der eigentlich ersten Bewohner dieser Stadt, der Einheimischen, gehörte er obendrein zu der Minderheit von Christen. Ja, Christ in diesem Stadtviertel von Madina, eine gelungene Umformung von der saudischen *Medina*, der Stadt des Propheten, die bekanntlich von Nicht-Moslems nicht betreten werden darf.

Die Ausnahmesituation meines Vaters lässt sich dadurch erklären, dass er in der Missionsschule war. Glaubt man der Erzählung meiner Großmutter, soll mein Vater ein dickköpfiger und respektloser Bursche gewesen sein und deswegen bekam er die Strafe, in die katholische Schule zu gehen, während alle seine Geschwister in die Koranschule gehen durften. So kam es, dass mein Vater bei den Missionaren eine gute Ausbildung genoss, während sich alle seine Geschwister und Verwandten zum Islam bekehren ließen. Als Außenseiter und als das einzige Haar in der Suppe war mein Vater selbstverständlich nicht dazu vorgesehen, Herrscher weder über seine Dynastie noch über die ungemütliche Stadt zu sein, in welcher Erstgeburtsrecht und Gewohnheitsrecht den Vorrang über alles hatten.

Doch als die Kolonialverwaltung einen intellektuellen Kopf gesucht hatte, der über diese streng feudale und ständische Gesellschaft regieren sollte, war mein

Vater nicht nur die einzige Person, die in Frage kam, sondern auch die perfekte Lösung. Erstens war ihm die Mentalität der dort lebenden Menschen nicht fremd. Wegen der Ausbildung, die er genoss, war er außerdem der europäischen Kultur wohlgesonnen. War er nicht einer der seltenen Studenten seiner Zeit, die ein Buch über die Vorteile vom Kolonialismus veröffentlicht hatten? Hatte er aus eigener Initiative keine Informationskampagnen im ganzen Land veranstaltet, um die Bevölkerung für den Krieg zu mobilisieren, den die Europäer gegeneinander führten? Ein Subjekt, der so streng katholisch erzogen war und seine Ideen durchzusetzen wusste, war die perfekte Person für die Interessen des Staates in dieser äußerst schwierigen Region.

So bekam mein Vater nicht nur die Macht über die Stadt, sondern auch die uneingeschränkte Unterstützung der höheren Kreise, so dass er eine sehr gefürchtete Person in der ganzen Gegend war. Auch nach der Kolonialzeit fanden die verschiedenen Regime, die nacheinander folgten, keinen Grund, ihn von seiner Position zu stürzen. Ferner fand die revolutionäre Regierung ebenfalls in seiner Person eine große Festung, um ihre neuen marxistischen Prinzipien und Ideologien in der doch gefürchteten Stadt umzusetzen.

Das tat mein Vater auch all die Jahre mit viel Geschichtlichkeit, ohne Gewalt und mit vielen Kompromissen. So hatte beispielsweise der überzeugte Katholik gar keine Bedenken, wenn er einmal im Jahr, bei *aïd el-*

Kebir noch *Tabaski* genannt, mit den Moslems gemeinsam beten und feiern musste. Diese Art des banalen Synkretismus, den mein Vater als Waffe für seine Machtpositionen und Führungsstrategien mit Geschicklichkeit ausübte, hatte das Ergebnis erzielt, dass er, wenn nicht akzeptiert, dann mindestens doch toleriert wurde. So musste er sich nicht zum Islam bekehren. Gleichzeitig wussten alle, wie mächtig er war und welche unermüdliche Unterstützung er von ganz oben bekommen konnte.

Warum erzähle ich dir das? Ich wollte langsam zu dem Thema „Terror" kommen, damit du von allen Parametern meines persönlichen Erlebnisses erfährst. Jetzt komme ich aber zur Sache. Ich möchte, dass du wahrnimmst, wie ich den gängigen Diskurs vom Kampf zwischen dem Guten und dem Bösen schon als Kind erlebt hatte:

Eines Tages - damals war ich, ich denke, vierzehn oder fünfzehn Jahre alt - ja, einmal war ich in eine Schlägerei verwickelt, in der ich einen gleichaltrigen Burschen grün und blau geschlagen hatte. Die Schlägerei zwischen Jungs war in unserer Erziehung normal und gewöhnlich. Doch die Kinder aus Minderheitenfamilien - Animisten und Christen - waren immer die Opfer unseres Favoritensports, der Prügelei. An dem besagten Tag war allerdings mein Gegner jünger und schwächer als ich und musste mein blaues Wunder erleben.

Das Ganze fing am Ende eines Fußballspiels an, das im Fernsehen ausgestrahlt wurde und das wir gemeinsam im Wohnzimmer meines Vaters geschaut hatten. In diesem Match trafen, wie immer, die „Weißen" auf die „Schwarzen", und wie immer gewannen die „Weißen". Nein, nicht wie du jetzt glaubst: es ging nicht um die Hautfarbe. Unser Fernseher, der einzige überhaupt im Stadtviertel, hatte einen schwarz-weißen Bildschirm. So gesehen trug, in unserer infantilen Vorstellung, die eine Mannschaft automatisch die weißen Trikots und die andere die schwarzen. Ein Wunder der Technik? Ein Spiel des Zufalls? Jedenfalls hatten wir festgestellt, dass die „Weißen" immer gewannen.

An dem besagten Tag war das Spiel allerdings unentschieden ausgegangen und wir dachten, die Spieler würden wieder auf das Spielfeld zurückkommen und Elfmeter schießen. Ich kann mir bis heute nicht erklären, was passiert war. Entweder wurden wirklich keine Elfmeter geschossen oder unser TV-Sender durfte die Folge nicht mehr ausstrahlen. Vergeblich hatten wir freilich darauf gewartet, dass das Spiel nach der Werbung weiterlief. Nach der Werbung liefen zu unserer Enttäuschung die Nachrichten, die wir schauen mussten, mit der Hoffnung, das Spiel würde fortgesetzt. Mit Empörung mussten wir nach der Nachrichtensendung auf unserem Bildschirm etwa folgendes lesen: „*Verehrte Zuschauer, unser Nachmittagsprogramm geht hiermit zu Ende. Wir freuen uns darauf, Sie wieder am Abend begrüßen zu dürfen."*

Die Frage, die wir uns in diesem Augenblick stellten, war nicht, wer gewonnen hatte. Wir waren uns darüber einig und davon überzeugt, dass die „Weißen" gewiss gewonnen hatten. Stattdessen waren wir alle äußerst daran interessiert, zu wissen, durch wie viele Tore das Spiel zu Ende ging. In dieser Stunde, in der alle Mutmaßungen, Vermutungen, Annahmen, Berechnungen, Hypothesen und Prognosen erlaubt waren, hatte irgendeiner von uns die wohltuende Idee, wir sollten uns in zwei Mannschaften teilen und aufeinander in einem improvisierten Wettkampf treten. Der Preis war sehr hoch und ein regelrechtes Schlachtfeld wert: die Mannschaft, die gewinnen würde, sollte von diesem Tag an den Fan-Club der „Weißen" bilden. So wollten wir ferner das Schicksal entscheiden lassen, wie viele Tore die „Schwarzen" im Fernsehen kassiert hatten.

Wir waren insgesamt sechzehn Personen, und dementsprechend bildeten wir auch zwei Mannschaften von acht Spielern. Die Herausforderung wurde von beiden Mannschaften aufgenommen. Den Lederball selbst brauchten wir nicht zu zaubern, da neben dem Haus meines Vaters ein Pampelmusebaum stand. Aus den Pampelmusen wurden sofort Bälle. Sobald ein Ball kaputt war, war einer von uns auf dem Baum und holte uns einen neuen. Der Kampf tobte, hart, zäh, erbittert und erbarmungslos. Das Spiel lief wie immer ohne

Schiedsrichter. Wie gewohnt wollten wir spielen, bis wir den ersten Appell des Muezzins hörten, der die Moslems ans Abendgebet erinnerte. Ab dieser Zeit trennten sich im Prinzip unsere Wege. Wir, die Kinder der Ungläubigen - so nannten uns unsere Mitspieler - mussten uns dann mit unseren Schulbüchern beschäftigen, während die Anderen, die Anhänger von Mohamed, sich unverzüglich fürs Abendgebet in der Moschee vorbereiten mussten.

Als allerdings der Mahnruf des Muezzins an dem besagten Tag erklang, stand das Spiel auch bei uns immer noch unentschieden. Um das uns quälende Gefühl von Unwissen für immer loszuwerden, schlug Kostapinto - derselbe Junge, der das Fußballspiel initiiert hatte - vor, dass jeder sich mit seinem Gegenspieler prügeln sollte, wobei der Preis derselbe blieb: die Mannschaft, die verliert, bildet von heute an den Fan-Club der „Schwarzen".

Der wirkliche Name von Kostapinto war Talaha, und wir nannten ihn Kostapinto, nach dem Namen einer bösartigen und grässlichen Figur aus einer, ich denke, brasilianischen Telenovela. Wir nannten ihn so, weil er in der Clique die Reputation eines bösen, unzuverlässigen, untreuen, charakterlosen, aber tapferen und kühnen Draufgängers besaß.

Dem Vorschlag von Kostapinto folgte allseitiger Beifall. Die Regeln für den Prügelsport waren allen bekannt und brauchten nicht wiederholt zu werden: es wird weder gebissen noch mit Nägeln gestochen, noch Kleider zerrissen, noch auf andere Werkzeuge als auf die bloßen Hände zurückgegriffen, und zum Schluss hört der Kampf auf, sobald der Gegner am Boden lag.

Nach einer kleinen Weile, ich denke höchsten fünf Minuten, war das Gefecht vorbei und das Ergebnis stand fest: die „Weißen", zu denen ich gehörte, gewannen mit 6 zu 2. Ich hatte ohnehin Glück, dass mein Gegner jünger und schwächer war als ich. Obwohl es eigentlich selbstverständlich war, dass er verlieren musste, wollte Aliu, so hieß der Knabe, nicht wissen, dass er von einem „Nichtgläubigen" verprügelt wurde. Ich musste zusätzlich zu meinem Leiden erfahren, dass „*der Apfel ja nicht weit vom Stamme gefallen ist*". Denn auch Ganiu, der Vater von Aliu, wollte nicht hören, dass ich seinen Sohn geschlagen hatte. Als er erzählt bekam, von wem sein Sohn verprügelt wurde, ließ er sich das kein zweites Mal erzählen. Er stürmte stattdessen direkt in unser Haus und gab mir auch die entsprechende Strafe. Groggy wie nach einer Boxparty fühlte ich mich nach zwei Ohrfeigen und zwei Fußtritten, die ich von Ganiu bekam, bevor meine Geschwister, meine Mutter und Bob, unser Hund, meinen Peiniger aus dem Haus rauswerfen konnten.

Das Ganze geschah, während mein Vater im Auftrag seiner zahllosen parteipolitischen Genossen unterwegs war. Als er zurückkam, war es selbstverständlich, dass er mitbekam, was in seiner Abwesenheit passiert war. Die Ruhe und Gelassenheit, mit der mein Vater der Nachricht zugehört hatte, schlicht mit ein paar Mal Kopfnicken als einzige Reaktion, ließen den „kalten Krieg" nicht mutmaßen, der in den kommenden Tagen alle zuständigen Sicherheitsbehörden der Stadt in Bewegung setzen sollte, von der Polizei bis zum Stadtgericht über die Gendarmerie hinaus.

Du weißt selber, lieber Jakob, wie das System damals funktionierte. Ich denke, mein Vater hatte sich direkt an einen hohen Direktor des Systems gewandt und ihn nach Hilfe gebeten, damit dem guten Kerl eine Lektion erteilt wurde, der gewagt hatte, in sein Haus einzumarschieren und seinen Sohn zu verprügeln. Am folgenden Tag waren Polizeiautos mit Sicherheitskräften sehr früh vor dem Haus von Ganiu postiert, als handelte es sich um einen Kriegszustand. Mir fiel allerdings schon auf, dass der Vorfall zu stark dramatisiert wurde, dass aus einer Mücke ein Elefant gemacht wurde.

Der Oberrichter der Stadt, der höchst persönlich die Operation führte, konnte nur bitter Folgendes feststellen: „Der Vogel ist ausgeflogen!". Da in der Tat der liebevolle und barmherzige Mohamed doch seinen Engel schützen wollte, ließ er ihn am frühen Morgen zum Gebet in die Moschee gehen, so dass er den ganzen Tag zu Hause nicht auftauchte. Man wusste doch, dass er sich in der Moschee verschanzte. Doch kein Mensch, auch nicht die Sicherheitskräfte, konnten das Risiko eingehen, in die Moschee einzuströmen. Die Männer des Oberrichters konnten sich nur damit begnügen, bis zum Abend erfolglos auf Ganiu vor dessen Haus zu warten.

Nach dem Nachmittagsgebet wurde in der Moschee beschlossen, diplomatische Verhandlungen mit meinem Vater zu führen. Eine Delegation von hohen Würdenträgern und älteren Verwandten von Ganiu wurde auf die Beine gestellt, um nach dem Abendgebet rasch zu versuchen, meinen Vater zu überreden, damit seine Klage zurückgezogen wurde.

Als am Abend die Delegation von kriechenden, unterwürfigen und schleimigen Grauköpfen unter der Leitung des großen *Imam* unsere Haustür überschritt, wusste ich, dass die theatralische Inszenierung, die von den Sicherheitskräften in unserem Stadtviertel veranstaltet wurde, eine Wirkung erzielt hatte, die weit über meine Erwartungen hinausging. Was wollte ich? Ich wollte ja nur, dass Ganiu, der Mann, vor dem ich mich so fürchtete, eine Lektion erteilt bekam, damit ich weiter in Ruhe spielen konnte. Erreicht hatte ich alles auf einmal. Ich wusste, dass ich nach dieser Episode, sowohl von meinen Gleichaltrigen als auch von allen Personen überhaupt vollen Respekt bekommen konnte. Dass die hochwertige und prima aufgestellte Delegation bei uns war, um meinen Vater zu überreden, damit er seine Klage zurückzog, auch diesen Grund des Besuchs erfuhr ich allerdings nur, weil „*Die Wände Ohren haben*“. Nachdem ich meinem Vater meine eigene Version des Geschehenen erzählt hatte, war ich nicht mehr an den Verhandlungen beteiligt.

Ich kann mir allerdings vorstellen, dass sich die prominente Delegation Mühe gegeben hatte, um ihr Plädoyer mit Ausdrücken zu bekräftigen, die für meinen Vater natürlich berührungslos waren. Ausrufe wie *Salam alaikum! Allah Akbar!, Walahi!, Bismillah!, Alhamdu lilahi!, Inch'Allah!* konnten nur so viel Wirkung auf meinen Vater haben, wie das Wasser auf dem Rücken vom Enterich. Ich kann mir denken, dass die hochrangige Delegation versucht hatte, meinen Vater mit Parabeln und Sprichwörtern aus dem islamischen Sprachgebrauch zu beeindrucken. Ich kann mir vorstellen, dass der Wortführer folgendermaßen angefangen hatte: *„Geht der heilige Berg nicht zu Mohamed (Salale alewa salam), so muss Mohamed zum heiligen Berg gehen“*. Wie auch immer. Ich wusste, dass mein Vater seine Bedingungen zu stellen wusste und dass alle seine Entscheidungen in meinem Interesse sein würden.

Dessen ungeachtet, dass der kalte Krieg, der nun herrschte, kaum mich betraf, fühlte ich, dass der Tag endlich gekommen war, an dem ich weniger Beschimpfungen, Beleidigungen und Verfluchung seitens meiner Gleichaltrigen und deren Verwandten bekommen sollte. Verwünschungen hatte ich nämlich täglich verdient, nur weil ich das Glück oder Unglück gehabt hatte, in einer Familie geboren zu sein, wo man den Namen von Jesus pries, stattdessen von Mohamed. Obwohl ich gar nicht richtig verstand, warum, wieso und weshalb dieser Krieg zwischen diesen schon verstorbenen Propheten so lange gedauert hatte, und was zum Teufel die Beiden in unserem ansonsten sorglosen Alltagsleben zu suchen hatten, fühlte ich innerlich, wie die Macht von Mohamed, die grundsätzlich in unserer Stadt so groß und allgegenwärtig war, plötzlich vor meinen einfältigen, naiven und unreifen Augen aus dem grenzlosen Himmel immer tiefer herabsank. Ich konnte spüren, wie der Gott von Mohamed, der jenseits von Raum und Zeit thronte, seine olympische Stellung gegen die meines kleineren Gottes tauschte, der irgendwo im Himmel hausierte. Ja, ich konnte wahrnehmen, dass die ungeheuerliche und übermäßige Macht, die Mohamed über unsere Stadt ausübte, eigentlich von den Menschen kam. Wie wir unseren kleinen Jesus nicht im Stich lassen wollten, genauso bekam Mohamed seine Macht von all der großen Bevölkerung von allmächtigen, älteren, jüngeren und einflussreichen Predigern, die zu seiner Ehre einen so großen Kult trieben. In der Nacht konnte ich ganz ruhig und sorgenlos schlafen, obwohl ich nicht wusste, wie die maßlosen berechnenden Verhandlungen mit meinem Vater ausgegangen waren, und welche die Folgen in den kommenden Tagen sein werden.

Doch ich musste nicht lange warten- nur einen Tag - bevor ich mich davon überzeugen konnte, dass der Frieden für mindestens ein paar Tage geschlossen war.

Am Abend des folgenden Tages, unmittelbar nach dem üblichen gemeinsamen Abendgebet der Mohammedaner, kreuzte mein Freund Ganiu mit seinem Sohn Aliu bei uns auf, ließ sich bei meinem Vater melden und ins große Wohnzimmer führen. Kurz danach wurde ich, als unmittelbarer Betroffener, gerufen. Als ich ins Zimmer kam, waren die beiden Erwachsenen noch in ein Gespräch vertieft, genauer gesagt war Ganiu fertig mit dem Sprechen und mein Vater war dabei, ihm sozusagen die Absolution zu geben.

Als ich meinen Kameraden Aliu im Wohnzimmer meines Vaters sah, ging ich direkt zu ihm, gab ihm die Hand, ohne zu fragen, wer mich dorthin gefordert hatte. Immerhin waren wir schon ewig wieder befreundet und hatten gemeinsam Fußball gespielt, ohne dass eine Versöhnung notwendig war. Währenddessen lebten unsere Eltern noch in einem kalten Krieg. Das Plädoyer meines Vaters konnte ich noch mitbekommen und daraus schließen, dass der Frieden doch geschlossen war. Er sprach deutlich und ruhig, versicherte dem Mann, dass die Klage schon zurückgezogen war. Ganiu seinerseits hörte erstmals mit der Aufmerksamkeit eines Katechumenen zu und versprach, dass ein solcher *Fauxpas* nicht mehr passieren würde.

Ja, der Koloss, den ich ein paar Minuten zuvor noch als die Pest befürchtete, schrumpfte plötzlich vor meinem Blick zusammen. Er war so niedlich und so bedeutungslos, während ich mich an die Stelle des

234

Gewinners stellte. Willst du wissen, lieber Freund, wie ich mich gefühlt hatte? Genauso stark wie sich David nach seinem Sieg über Goliath gewiss gefühlt hatte. Ich erwischte mich sogar, als ich Mitleid mit dem armseligen Menschen gehabt hatte. Ich merkte, dass er sich so einsam fühlte, während er still und nickend dem Moralapostolat meines Vaters zugehört hatte. Er müsste, ich schätze, an seinen eigenen verstorbenen Vater gedacht haben, der ihm in dieser Situation nicht mehr helfen konnte, in die er sich selbst gebracht hatte. Luft hatte er eigentlich für seinen eigenen Sohn gesucht. Und jetzt findet er selbst keine Luft mehr. Ich merkte, dass er innerlich in einem Raum ohne Fenster und ohne Luft geschlossen war. Deswegen unternahm ich es selbst, ihn zu befreien, indem ich Frieden mit ihm schloss. Ich reichte ihm die Hand, bevor mein Vater mit seinem Rechtsspruch fertig war. Ab diesem Zeitpunkt hatte ich einen zusätzlichen Schutzengel gewonnen. Ganiu schwor, mich zu beschützen, und ich versprach genauso, seinen Sohn wie meinen eigenen Bruder zu behandeln.

Mein lieber Jakubu,

manchmal, wenn ich mich daran erinnere, wie ich von meinem Vater beschützt wurde, wie ich mich sicher fühlte, wenn ich neben ihm marschierte, so kann ich nicht vermeiden, meine persönliche

Lebenserfahrung mit unserer heutigen Situation zu vergleichen. Ich mag übertreiben, aber manchmal sage ich mir sogar: das, was mein Vater geschafft hatte, daran scheitern alle Mächte dieser Welt. Oder wie denkst du? Meinst du, dass diese offene Kampfansage zwischen dem Guten und dem Bösen, die heute von den einen erklärt und von den anderen aufgenommen wurde, uns tatsächlich hilft? Hätten wir keine besseren Überlebenschancen, wenn wir sicherer und diskreter unter dem Schutzschirm einer gewissen Übermacht leben würden?

Wie du siehst, lieber Freund, versuche ich, mich zu allen Themen zu äußern, die du in deinem letzten Brief erwähnt hast. Es wird, wie du siehst, ein sehr langer Brief. Aber, wie gesagt, ich bin jetzt arbeitslos und nehme gern deine Herausforderung bezüglich der Relevanz unseres Briefwechsels an. Die Zeiten sind wirklich vorbei, in denen du dir Sorgen um meinen Terminkalender machen musst.

Eines der von dir angeführten Themen, zu dem ich mich noch nicht geäußert habe, ist deine Überlegung zu unserer Unterentwicklung. Du schreibst mit Recht, dass uns alles fehlt, was wir wirklich brauchen. Die Beispiele, die du nennst, sind natürlich zutreffend. Ich will gestehen, dass eure Unterhaltung über unsere Überbevölkerung mich doch wohl gekitzelt hat. Es ist ein sehr kompliziertes Thema. Das Dilemma hast du aber getroffen. Wie schaffen wir es, eine Wirtschaft ohne Menschen, ohne Konsumenten und ohne Arbeitskräfte aufzubauen? Das ist die eine Frage. Auf der anderen Seite machen wir uns auch wirklich Sorgen darüber, ob die Wirtschaft wirklich dem Bevölkerungszuwachs folgen wird. Wer es weiß, wird selig! Ich will allerdings eine Grundwahrheit loswerden: Über dieses Thema müssen wir uns wirklich keine Lektion von euch erteilen lassen.

Erstens glaube ich, dass eure immer älter werdende Bevölkerung problematischer ist als unsere Bevölkerungsexplosion. Woher wollt ihr eure Arbeitskräfte für die immer blühende Wirtschaft und Industrie zaubern? Ich will keine großen Worte hier loslassen, aber die Zeit der Sklaverei ist wirklich vorbei. Wir jedenfalls machen nicht mehr mit. Das war nur ein Scherz. Ich weiß von der modernen Form von Sklaverei. Ich weiß, dass eure dynamische Wirtschaft immer wieder Maßnahmen finden wird, damit die besten Köpfe dorthin wandern und für euch produzieren. Aber wird es reichen? Diesmal wird es knapp sein.

Auf der anderen Seite versuche ich mal, ein bisschen zu rechnen. Du bist auch, mein lieber Jakubu, ein Wirtschaftswissenschaftler. Wenn dein jetziges Heimatland kaum dreimal so groß wie deine ehemalige Heimat ist, und mindestens fünfzehnmal so viele Menschen zählt, da sprechen die Proportionen doch für uns. Oder? Wer soll wem dann vorwerfen, der Erdoberfläche mit einer Bevölkerungsbombe drohen zu wollen?

In Washington hatte ich einmal darüber eine sehr heftige Auseinandersetzung mit zwei nordamerikanischen Kollegen, einem Amerikaner und einem Kanadier. Der eine Klugredner fragte mich nämlich: „Warum macht ihr so viele Kinder, wenn ihr arm seid?". Ich muss gestehen, es war einer der sehr seltenen Momente, in denen ich wirklich ein Gefühl von Unmut hatte. Über dieses Thema konnte ich tagelang reden, aber ich konnte keine Antwort auf diese Frage finden. Bei uns hätte man diese Frage durch eine Paradeantwort liquidiert, in der Art: *„Des Armen Reichtum, es sind die Kinder!"*.

Angesichts dessen, dass meine Gesprächspartner bestimmt andere Sprachkanäle kannten, wollte ich ihnen diese Volksweisheit nicht servieren. Insgeheim ärgerte ich mich allerdings darüber, dass ich durch diese Frage auf die unterste Stufe von uns dreien verdrängt wurde. „Was soll's. Man kann eben nicht auf alle Fragen eine Antwort haben" dachte ich mir innerlich. Ich fühlte mich plötzlich etwa wie einst der junge französische Philosophieprofessor Jules Lachelier bei seiner Inauguralvorlesung an der Universität von Toulouse sich gefühlt haben mag, als er von einem Studenten gefragt wurde, was dann das Wort „Philosophie" bedeute. Ich sagte mir innerlich: „es gibt eben Dinge, worüber man viel erzählen kann, ohne zu praktischen Antworten gelangen zu können". Im Gegensatz zu Lachelier, der mit „Keine Ahnung" antwortete und das Gespött der ganzen Stadt einstecken musste, entschloss ich mich einfach, über das Thema zu erzählen, Argumente zu sammeln und Beispiele zu nennen, mit der Hoffnung, dass sich meine Gesprächspartner selbst ein Bild darüber machen würden. So etwa argumentierte ich:

„Für uns gibt es keinen Grund für Panik, da der Bevölkerungszuwachs sich sowieso stabilisieren wird. Ich weiß nicht, wie ihr eure Statistiken und Projektionen macht. Fakt ist, dass wir in der Tat eine Babyboomgeneration gehabt haben, was nicht bedeutet, dass die Lage bleiben wird. Ich gebe euch das Beispiel meiner Familie. Meine Oma hatte nur zwei Kinder, eine Tochter und einen Sohn. Meine Mutter, die gewiss zu der Generation gehört, die den Babyboom verursacht hatte, hatte acht Kinder zur Welt gebracht. Die Gründe sind uns bekannt: Die Gesundheits- und Lebensbedingungen, auch wenn sie nicht so gut wie bei euch waren, hatten sich doch verbessert, und die Leute hatten die nicht böse gemeinte Absicht, sich für die Vergangenheit zu revanchieren. Für die Vergangenheit, in der nur Könige und sehr reiche Menschen sich eine kinderreiche Familie leisten konnten.

Heute sind die Positionen ganz anders. Schon für die Leute meiner Generation sind kinderreiche Familien keine Mode mehr. Stattdessen haben wir uns von der Perspektive unserer Eltern entfernt. Meine Frau hat im Moment nur zwei Kinder. Beim besten Willen wird sie niemals den Rekord meiner Mutter schlagen. Und so ist die Tendenz überhaupt überall. Dazu kommt wohlgemerkt, dass die Polygamie offiziell abgeschafft wurde und in der Tat ist sie heute nur noch ein Luxus. Angesicht der sehr dunklen Zukunftsperspektiven, was den Arbeitsmarkt angeht, träumen die Jugendlichen heutzutage weder von mehreren Frauen noch von vielen Kindern. Also, noch einmal, wem dienen diese pessimistischen Statistiken?".

Zum Schluss erlaubte ich mir einen Scherz, indem ich meine beiden nordamerikanischen Freunde folgendes fragte:

„Warum könnt ihr uns einfach den Bonus der Armut nicht gewähren, wenn es darum geht, die Erdoberfläche so gleichmäßig zu verteilen, als handele es sich um Parkplätze, auf denen die Menschen wie Autos parken sollten? Warum denkt ihr nicht, dass wir auch ein Hobby verdient haben, auch wenn wir keinen Strom besitzen, um unsere Nächte erträglicher zu machen. Wir wissen doch alle, woher die Kinder kommen, nämlich von Störchen. Oder habt ihr die Geschichte der weltberühmten *Babyboomers* der Nachkriegszeit bei euch schon vergessen?"

Ich wusste ganz genau, auf welchem Terrain ich mich da mit meinem Abschweifungsversuch über die *Babyboomers* bewegte. Meine Gesprächspartner gehörten gewiss zu dieser Generation. Das war gemein von mir, ich gebe es zu. Aber, heiligt der Zweck nicht die Mittel? Freilich hatte ich es geschafft, meine Kollegen auf diese Straßenglätte, im wahrsten Sinne des Wortes, zu ziehen. Auf meine Provokation reagierte erstmals der Amerikaner und erklärte, dass die Heimkehrer nur einfach in die Normalität zurückkommen wollten, indem sie, ohne zu überlegen, auf ihre Frauen sprangen, die auch nichts Anderes erwartet hätten. Als Fazit formulierte er ganz laut und deutlich: „*You want to blame the baby boom on one person? Blame Adolph Hitler*" (Wenn jemand die Verantwortung des Babybooms tragen sollte, dann nur Adolf Hitler).

Im Gegensatz zu dem Amerikaner, war die Version meines zweiten Diskussionspartners eher innenpolitisch orientiert. Es hieß, die Heimkehrer hätten damals nur als einziges Hobby, sich ihre eigene kriegerische Heldentat im Fernsehen unermüdlich anzuschauen. Da es allerdings einmal einen Generalsstromausfall für nur zwei Stunden gegeben hätte, hätten die Kriegshelden keine andere Wahl gehabt, als sich mit ihren Frauen zu beschäftigen. So hätten nur zwei Stunden Stromausfall gereicht, um in neun Monaten den Hebammen Überstunden zu bereiten. Ja, zwei Stunden in der Dunkelheit waren für Störche genügend, um die Kinder überall zu streuen, wo Langeweile herrschte.

„Aha! sagte ich, dann braucht ihr nur daran zu denken, um das zu verstehen, was unsere tapfere Bevölkerung täglich erlebt, die keinen Fernseher,

Kinos, Internet usw. haben, um sich von ihren Frauen oder Männern in manchen Nächten fernzuhalten. Ist das kein Bonus wert? Auch wenn unser Volk nicht im Krieg gewesen ist, bleiben die physiologischen Bedürfnisse dieselben wie die eurer Heimkehrer. Und wenn wir ohne Strom das ganze Jahr auskommen müssen, könnt ihr nach Adam Riese rechnen, wie viele Störche in einer Nacht zu Besuch sind.

Wir wissen allerdings selber, dass wir uns die leidenschaftliche Beziehung mit den Störchen nicht ewig leisten können, weil sie uns irgendwann zu Golgatha führen wird. Wir bleiben allerdings bescheiden: Wir schreien nicht „*Gebt uns Barabbas!*", sondern „*Gebt uns die gute alte Pille!*". Doch auch diese können wir uns meistens nicht leisten, da eure Pharmaindustrie sie immer wieder durch Scheininnovationen patentgeschützt hält, damit wir sie nicht produzieren dürfen. Da wir auch keine Mittel zur Verfügung haben, um Aufklärungen in unserer Masse zu veranstalten, werden auch euer Geschrei und eure Statistiken über die Weltüberbevölkerung nie in den Ohren unserer Störche landen können. In dieser glühenden Leidensgeschichte von Ignoranz, Unvermögen und Machtgier wachsen Aidsepidemien, Armut und Verlegenheit. Wer ist schuld daran? Bestimmt nicht der alte Hitler.

Jakubu, ich höre dich jetzt ordentlich sagen: „Warum verkürzt du die Geschichte? Ich will die Antwort deiner amerikanischen Freunde hören". Da muss ich dich leider enttäuschen, denn unsere Unterhaltung wurde ohne Fazit durch einen Aufruf in der Art „*poor Africans!*" (arme Afrikaner) beendet.

Ich werde, mein lieber Freund, diesen Brief nicht abschließen, ohne dich auf unsere alten Grundregeln hinzuweisen: bleib dir selbst gegenüber treu und ehrlich. Ich werde nicht mehr versuchen, dich davon zu überzeugen, zu uns zurückzukehren. Jetzt, wo ich weiß, dass sich deine Lebensbedingungen verbessert haben, kann ich nur an jene arabische Weisheit denken, die besagt: „*Asyl plus Reichtum gleich eine neue Heimat. Armut im eigenen Land ist Asyl*". Ich weiß ganz genau, dass du für uns für immer verloren bist. Aber es ist gut so. Ansonsten willst du zwischen zwei Flüssen schwimmen oder zwischen zwei Stühlen sitzen wollen. Wer das Erste versucht, der geht das Risiko ein, gegen mindestens eine Strömung zu schwimmen. Wer das Zweite versucht, der geht das Risiko ein, sich am Boden zu befinden. Das wissen wir beide ganz gut. Komisch nur, dass ich erst jetzt daran denke. Ich mache mein *mea culpa*.

Du musst allerdings versuchen, Frieden mit dir selbst zu schließen und die dortigen Realitäten als deine eigenen zu sehen, damit die zwei Seelen, die in dir wohnen, Frieden miteinander schließen. Damit die eine nicht versucht, sich von der anderen zu trennen. Bleibe ein Tschinku aber vergiss nicht, dass du ein Wagner bist, ein richtiger, ein ganzer, ein normaler. Du hast nichts verloren. Die einzigen, die verloren haben, sind wir.

Wir haben dich verloren, aber wir beklagen uns nicht darüber. Wir haben auch unsere Europäer hier. Ja, man merkt es nicht. Aber die Welt ist nicht mehr wie früher. Sie wird bunter. Die bösen Zungen nennen das die globalisierte Welt, obwohl diese Bezeichnung einem einen Schrecken einjagen kann. Nenne sie, mein Lieber, wie du willst, aber wir nennen sie hier unsere Welt. Wir müssen nur unsere Denkweise umstellen, und wenn wir schon dem Parksystem weiter treu sein wollen, dann sollten lieber die Parkplätze individualisiert werden. Genauso wie bei einem normalen Parkplatz, auf dem jeder da parkt, wo er möchte, vorausgesetzt er findet einen Platz. Es läuft im Moment wie bei den Automessen. Diese Ausstellungen mag ich nicht, wo eine Sektion für Mercedes, eine Abteilung für Peugeot, eine Halle für BMW, ein Platz für Toyota usw. zugeteilt wird. Mit den Menschen muss es anders sein, weil wir eben Menschen sind. Und weil wir selbst entscheiden wollen, wo wir parken, wo wir in der Welt leben, in unserer Welt, wie wir hier sagen.

Wenn wir „unsere Welt" sagen, ist es nicht unsere Absicht, sie für uns zu monopolisieren. Du weißt, dass wir Afrikaner immer possessiv eingestellt sind. Alles ist unser: unser Gast, unser Zulu, unser Amerikaner, unser Chinese, unser Europäer ... Ja, ich sagte gerade, dass wir unsere Europäer haben. Ich weiß nicht, warum wir sie jetzt so nennen. Aber je mehr ich mir das überlege, desto mehr denke ich, sie sind doch unsere geworden, die Europäer. Sie waren es nicht immer gewesen. In der Kolonialzeit, in der Zeit, in der sie dort in Europa „unsere Afrikaner" genannt wurden, waren sie für uns nur die Weißen. Dies lässt sich doch interpretieren, oder? Sie waren damals die Anderen, die Nicht-Schwarzen, die Weißen. Es waren keine Gäste, denn Gäste brachten Frieden ins Haus. Es waren nur die Anderen, die Schrecken, Angst, Furcht, Durcheinander ... brachten. Also waren sie nicht unsere.

Jetzt sind sie aber unsere, unsere Gäste, die kommen und gehen, unsere Weißen, die kommen und sich mit uns verbrüdern, unsere Europäer, die hierherkommen, bleiben, mit uns wohnen und einen Bund mit uns schließen. Sie sind unsere. Und wir lieben sie, manchmal sogar mehr als uns selbst. Stell dir vor, was wir beim wöchentlichen Ministertreffen machen, wenn einer von denen einen Verwandten verliert? Wenn wir das erfahren, legen wir auch für die verstorbene Seele, die wir vielleicht nicht kennen, die traditionelle Schweigeminute zu ihrem Andenken ein. Das ist ein Beweis dafür, wie sehr wir sie lieben. Da brauchen wir nicht zu meckern, wenn einer von uns, wie du, den wir lieben, auch einer von denen wird. Der Tausch ist fair.

Nicht zuletzt eine herzliche Umarmung von mir an Uta, Conny und Uwe.

Mit freundlichem Gruß

Dein Freund Barka

& & &
Letzter Brief von Jakubu

Mein lieber Agri,

es geht doch. Ich meine, ich freue mich auch, dich einfach und als Freund bei deinem Namen und sogar bei deinen Spitznamen nennen zu dürfen. Sag mal, wirst du eigentlich wieder mit deinem Beinamen „Agri" genannt? Ich finde, das war eine gelungene Abkürzung, und der Name passt auch zu dir. Ich hoffe aber nicht, dass du jetzt so genannt wirst. Du bist doch kein einfacher Beamter der Agrarwirtschaft mehr, sondern ein Minister, sei es auch ein Ex-Minister. Ich denke nicht, dass die Leute es noch wagen würden, dich so zu nennen. Ich erlaube mir allerdings den Namen einmal zu gebrauchen, um dir zu sagen, dass dieser Ton, diese Freundschaft, mir gefällt.

Ich würde dennoch die Wahrheit verheimlichen, wenn ich dir nicht gleich verrate, wie sehr mich diese schlechte Nachricht beunruhigt hatte. Nicht nur mich. Auch Uta hat fast geweint. Ich musste meinen Kindern erklären, wie jemand, der seine Arbeit gut erledigt, sie trotzdem verlieren kann. Uwe fragte mich: „Aber warum sagst du immer: Man wechselt keine Mannschaft, die gewinnt?". Auf die Frage meines Sohnes antwortete ich wie folgt: „Ja, mein Lieber, vielleicht haben doch

247

einige in der Mannschaft ihre Hausarbeit nicht gemacht. Man sagt auch: Nur eine faule Tomate reicht, um einen Korb von Tomaten zu verderben". Mein Lieber Freund, ich wollte nur sagen, wie sehr es uns leidtut. Schade eigentlich für unser Land.

Barka, ich habe mir heute vorgenommen, in diesem Brief ganz ehrlich auf deine Bitte zu antworten. Eigentlich habe ich die ganze Zeit nur versucht, Hinweise zu geben, mit der Hoffnung, dass du dir selbst ein Bild machen könntest, warum ich mich nicht mehr zu meiner Ex-Heimat, wie du sie nanntest, bekennen möchte, und warum ich die Leute, die ich liebe, ganz und gar aus meinem Herzen gestrichen habe. Ja, warum ich euch nicht mehr besuchen möchte. Ich bitte dich noch einmal, es nicht persönlich zu nehmen. Ich bin dir sehr dankbar für die Bemühungen, Gefälligkeit und Aufmerksamkeit, die du mir gegenüber zeigst. Um dir alles zu sagen, du bist die erste Person in meinem ganzen Leben überhaupt, die sich für mein Schicksal interessiert. Das werde ich nie vergessen. Ich weiß jetzt, dass du mehr als ein Freund für mich bist. Du bist mein Bruder. Und zur Bruderschaft gehört auch ein Stück Ehrlichkeit. Nachdem du mir klar geschrieben hast, dass du meine Entscheidung verstehst und respektierst, habe ich mir heute vorgenommen, dir die Offenheit nachzumachen.

In Wirklichkeit habe ich gar nichts gegen die braven, tapferen und ehrlichen Menschen von dort, die ich habe vergessen müssen. Wie könnte ich auch? Ich hoffe, unser bisheriger Briefwechsel hat mindestens dazu verholfen, dass du dies weißt. Ich liebe alles in meiner Heimat: die Herzenswärme der Menschen, die Fröhlichkeit der Gesichter, die wunderschönen Gegenden, ja sogar die Armut, die dort herrscht. Das alles liebe ich.

Allerdings gibt es Situationen, die es mir heute nicht mehr erlauben, ohnmächtig und passiv zu leben. Dazu gehört dieser blinde und archaische Obskurantismus, über den wir heilkräftige Gedanken haben tauschen können: Zauberei, Neid und solche Sachen. Dazu zählen eigensinnige und angeblich traditionsbedingte Dummheiten wie Vielweiberei, Banalisierung oder Restriktion der individuellen Freiheiten usw. Die Frage stellt sich meines Erachtens nicht, wer schuld daran ist, sondern wer was ändern muss. Je tiefer ich versuche, diese Frage zu beantworten, desto schneller komme ich zum Entschluss, dass ihr Politiker eure Hausarbeit nicht gemacht habt. Aus irgendwelchen unlauteren Gründen habt ihr Interesse daran, dass die Situation so bleibt, wie sie ist.

Mein lieber Freund,

ich weiß, der Ton des vorliegenden Briefes ist ungewöhnlich hart. Aber ich wende mich hiermit nicht unbedingt an meinen Freund, sondern an einen Minister. Da du deine Solidarität mit den anderen Politikern gezeigt hattest und mir die wahren Gründe deiner Entlassung aus der Regierung nicht geschrieben hast, will ich dir auch meine Kritik nicht ersparen. Von einer Person - die dich eigentlich dafür verabscheute, dass du zu dem System angehörtest - weiß ich, dass du eigentlich deswegen rausgeschmissen wurdest, weil du versucht hast, das System von innen zu reformieren, und dass dein Name sonst nicht auf der schwarzen Liste gestanden hätte. Du kennst meinen Informanten nicht und das ist auch gut so. Aber ich darf so viel verraten, dass diese Person - einer eurer Oppositionsführer, der jetzt hier das politische Asylrecht besitzt - mich einweihen konnte, dass nicht alle Minister gefeuert wurden, von denen du mir geschrieben hattest. Im Übrigen darf ich dir versichern, dass diese Person dich jetzt bewundert und irgendwann die Gelegenheit bekommen wird, dir dies persönlich zu sagen.

Was mich angeht, bleibe ich nach dem Treffen mit dieser Person ganz traurig, skeptisch und verzweifelt, was die Zukunft unseres Landes angeht, wenn ich mir noch erlauben kann, es so zu nennen. Unser Land. Du wolltest mir über den Verlauf und die Folgen des Gerichtsverfahrens unseres Sohnes Dadja, des Sohnes unseres verstorbenen Freundes Kubue, berichten? Jetzt kannst du dir die Mühe sparen. Ich weiß nämlich jetzt alles. Du hattest Recht, als du mir damals geschrieben hattest, er würde Gotteshilfe gebrauchen.

In meinem Gespräch mit der oben erwähnten Person sind wir unter anderem bei diesem Thema gelandet, und ich musste erfahren, dass Dadja jetzt für zwanzig Jahre in eurem berühmten Gefängnis von Bejla zusammen mit einem gewissen selbsternannten Kapitän Loja verbringen muss. Meinem Informationszuträger zufolge soll dieses Gefängnis dafür bekannt sein, dass Leute in einem Skandal verwickelt werden und schließlich dort landen, nur weil sie in ihrem Dienst – wenn auch ungewollt - verhindern, dass die Korruptionssysteme wie geschmiert laufen. Wie traurig! Du solltest dich selbst darüber freuen, dass du dort nicht gelandet bist; das war durchaus die Auffassung meines Gesprächspartners. Ich schreibe dir lieber wortgetreu seine Ansichten über den dort herrschenden Sachverhalt, damit du siehst, ob ich kein Recht darauf habe, ihm zu glauben. Er berichtete mir folgendes:

„Mein Lieber Jakubu, es herrscht heutzutage Anarchie und Chaos in unserem Land und der Staat zeigt sich schwach und unfähig, seine Verantwortung zu tragen, nur weil die Politiker den Interessen irgendwelcher skrupellosen Lobbyisten nicht zuwiderlaufen wollen. Seit Jahrzehnten herrschen grenzenlose Beunruhigung, Angst und Furcht im Lande, und die Bevölkerung muss täglich machtlos erleben, dass Verbrecher bei vollem Tageslicht friedvolle Menschen auf der Straße erschießen, um sie zu berauben. Machtlos müssen Leute erfahren, dass ihre gestohlenen Fahrzeuge in den schlimmsten und grausamsten Raubaktionen verwickelt werden. Weil der ganze Apparat korrupt ist, muss das Volk hilflos erkennen, dass die allgewaltigen Täter niemals unschädlich gemacht werden können, es sei denn, ein Wunder geschieht im Land.

Einmal wurde sogar bei der größten Regionalbank auf die ganz spektakulärste Art und Weise eingebrochen, Sicherheitskräfte und Bankangestellten erschossen und Riesenbeute weggeräumt. Anstatt schnelle Maßnahmen zu ergreifen, um wieder Vertrauen in der Bevölkerung zu schaffen, vertieften sich die Politiker in Diskussionen, um herauszufinden, ob das Militär in diesem Ausnahmefall in die Zuständigkeit der Polizei eingreifen dürfe. Es verlautbarte sogar, dass manche Politiker mehr oder weniger in den Skandal verwickelt seien.

Folge dieser unnötigen, parteipolitischen Auseinandersetzung war, dass die überfallene Bank seine Mitarbeiter entlassen musste, weil der Hauptsitz in ein anderes Land ausgelagert wurde. Es folgten Unruhen und Demonstrationen, die vom Militär blutig niedergeschlagen wurden, ohne dass die Politiker sich darüber stritten, ob die Armee für eine zwar nicht gebilligte, aber doch friedliche Demonstration eingesetzt werden dürfte. Die einzigen Reaktionen kamen vom Ausland, von der internationalen Gemeinschaft und von Menschenrechtsorganisationen.

Die einzigen Sanktionen von außen waren nur wirtschaftliche Sanktionen, die nur dazu gedient hatten, dass die Kaufkraft der armen Leute noch niedriger wurde.

Infolge des Drucks von außen versprach unsere Regierung mehr Freiheit, mehr Demonstrationsfreiheit und mehr Pressefreiheit. Um diesen Willen der internationalen Gemeinschaft gegenüber zu beweisen, versprach man, politische Gefangene im Gnadenweg freizulassen. Freue dich nicht zu früh, mein lieber Jakubu. Denn anstatt politischer Gefangener wurden ausschließlich Kleinbanditen, Tierklauer, Taschendiebe, Autoräuber, Leichenschänder usw. auf freien Fuß gesetzt, welche die arme und schlecht gerüstete Polizei hinter Gitter bringen konnten. Die Bevölkerung musste noch dazu erleben, wie dieselben Leute, welche sie vor Monatefrist betrogen, belogen, düpiert und beraubt hatten, nun unbestraft davonkamen, die größten, neuesten und teuersten Autos fuhren und die schönsten Häuser bewohnten. Die friedfertigen Menschen mussten sehen, wie ihre Töchter durch dieselben Leute zur Depravation überredet wurden, die vor Wochenfrist als die Bösen galten. Immer häufiger geschah es, dass die Leute beraubt wurden und ins Gefängnis gehen mussten, weil sie die durch die Vermittlung verursachten Kosten nicht bezahlen konnten, während der Dieb frei herumlief und das anständige Volk an der Nase herumführte.

Langsam wurde eine gute Ausbildung als die übelste Sache überhaupt, die Studenten als Streber und die Betrüger, Schmuggler und sonstige Parvenüs als Modelle und Helden etikettiert. Während die Kleingeister mit Politikern zusammenwirkten, die die Geschäftswelt durch ihr undenkbar unsinniges Verhalten verschmutzten und trotzdem wirtschaftliche Verantwortungen tragen durften, mussten die Intellektuellen und die brave Bevölkerung darunter leiden, dass eine Kultur der Untauglichkeit und Unsitte im Lande herrschte. Zu allem Überfluss war es so, dass die Presse eine unbestreitbare Freiheit bekam, während die einzelnen Individuen mundtot gemacht wurden. Ein offener Brief von einem Oppositionsmitglied wie mir war von unserer Polizei als ein aufwieglerisches Flugblatt betrachtet und hart bestraft worden.

Da die Unsicherheit und die Notlage immer höher wurden und die Straffreiheit in Tugend verwandelt wurde, erinnerten sich die Leute an die Zeit, in der die Polizei gute Arbeit geleistet hatte. Man war langsam zu dem Entschluss gekommen, es müsste irgendwas unternommen werden. Ganz hart, ohne Mitleid und mit, wie ich fand, unmenschlicher Brutalität lieferte sich die Bevölkerung einen zähen Kampf mit den Straßenräubern und Einbrechern. Letztere

wurden nicht mehr zur Polizei oder ins Gefängnis gebracht, wenn sie gefasst wurden. Nein, sie wurden
einfach angeprangert. Ja, die mutmaßlichen Schuldigen wurden einfach ohne Wenn und Aber ausgerot-
tet, zu Asche verbrannt.

In jenem Land, in dem jeder Mensch, ob jung
oder alt, ob Frau oder Mann, einen Anspruch auf ein
Plätzchen auf dem Friedhof hatte, und wo die Lei-
chenverbrennung vollkommen verboten war, ausgerechnet in demselben Land war die Verbrennung von
lebendigen Menschen eine Realität geworden, und
zwar eine populäre und von allen akzeptierte Tatsa-
che. Alle schlossen die Augen vor den Missbrauchs-
fällen solcher Gerichtsverfahren und vor offensicht-
lichen Fehlern. Manche mutmaßlichen Verbrecher
wurden sogar von kochenden Menschenmengen aus
den Händen der Polizisten oder aus den Gefängnissen entführt, um sie der kollektiven Ahndung zu
überliefern. In der Gruppendynamik machten fast
alle mit. Diejenigen, die nicht ausreichend abgebrüht
waren, um an solchen Ritualen teilzunehmen, waren
gleichwohl so gebefreudig, um Benzinkännchen,
Lampionkerosin, Brennholz, Holzkohle, Streich-
holzpackung, Feuerzeug, Zigarettenanzünder aus
dem Auto, alte Reifen oder sonstiges Brennmaterial
zu spendieren. Die Verbrecher, die früher ganz loyal
und instinktiv Unterstützung oder Beihilfe von der
Bevölkerung bekamen, mussten nun selbst, so

schnell wie es ging, die Polizei zur Hilfe rufen oder Zuflucht bei der nächstnahen Polizeistation suchen.

Es ging eigentlich ganz schnell, so dass keiner es kommen sah. Bevor die Regierung etwas dagegen zu unternehmen versuchen konnte, war es zu spät. Und auch hier ging wieder die ewige Diskussion zwischen Politikern los, ob es angemessen sei, die Armee einzusetzen. Jakubu, du musst dir das so vorstellen: wir leben in einem Land, wo die Armee, die jahrzehntelang die Macht hatte und deswegen gegen solchen Massenwahnsinn gut gerüstet ist, in ihrer Kaserne bleiben muss, während die personal- und mittelose Polizei, ohne jegliche Ausbildung, ran an die Arbeit gehen muss. Daher die Auseinandersetzung zwischen den Pragmatikern, die mehr Präsenz des Militärs fordern, und den Ideologen, welche jede in der Stadt herumlaufende Soldatenuniform als ein Rückschritt in die verdammte Vergangenheit sehen.

Während die Diskussion zwischen Politikern lief, waren die Sicherheitskräfte überlastet und umso überforderter, als es immer wieder Fälle gab, in denen unschuldige Menschen aus dem Rachewunsch des Nachbarn oder des Feindes heraus einfach erledigt wurden, ohne Zaudern, ohne Einrede, ohne Einwand, ohne Einspruch, ohne Bedenken, ohne Zögern. Rosenkranzgebete in Moscheen und Kirchen sowie Opferzeremonien in Voodootempel halfen nicht dabei, die Mentalität der Selbstjustiz auszuradieren. Der Mensch wurde tatsächlich ein Wolf für den Menschen.

Einen Mann, einen einzigen Zivilisten gab es aber, der es auf seine Art schaffte, diesen unmenschlichen aber populären Sport unter seinen eigenen Hut zu bringen und zu organisieren. Aus eigener Initiative gründete der Mann, der sich Kapitän Loja nannte, ein Heer von Milizen und bastelte sich eine Strategie, wie er das Vertrauen der Menschen für sich gewinnen konnte. Kraft des Gesetzes, das ihm nicht erteilt wurde, übertrug er seinem Volksheer die alleinigen Befugnisse, öffentliche Gerichtsverfahren zu veranstalten und notfalls öffentliche Menschenverbrennungen zu veranstalten. Um das Vertrauen der Menschen für seine Strategie zu gewinnen, ließ er überall Panik in der Bevölkerung schüren. Von ihm kam die Erfindung des Stumpfsinnes bezüglich der sogenannten Zauberer der Geschlechtsorgane, die mit ominösen Methoden Hoden und Klitoris entwenden würden.

Seine Methode Panik zu schüren, bestand darin, erstmals seine Milizen auf dem Marktplatz eine theatralische Inszenierung veranstalten zu lassen, wobei Verbrecher, die aus den Gefängnissen freigelassen wurden, in der Öffentlichkeit des Klauens eines Geschlechtsorgans beschuldigt wurden. Alle Verbrecher, die von den Gefängnissen entlassen wurden, wurden systematisch von den Milizen des

Generals Loja lokalisiert. Mein Freund, glaube mir, man verliert sowohl die Vernunft als auch die Kontrolle über die Situation, wenn man eine solche Theatervorführung erlebt. Stell dir vor, ein Mensch fängt an, in der Öffentlichkeit zu weinen, man habe ihm seinen Schwanz entwendet, beteuert, sein Sexorgan sei plötzlich verschwunden und weist mit dem Zeigefinger auf den angeblichen Täter. Die Komplizen, die natürlich auch zum Coup gehören, schworen auch allesamt bei Gott, ihre Hoden seien abhandengekommen. In dieser Generalpanik glaubt man daran, ohne zu überlegen. Auch ich musste einmal machtlos und passiv an einer solchen Inszenierung teilnehmen. Glaube mir, ich habe auch instinktiv geprüft, ob mein bestes Stück immer am Platz war. Und es war da, in meiner Hose.

Auf diese Art und Weise schaffte der sogenannte Kapitän Loja es, die Gangster loszuwerden, die allemal von der Bevölkerung schon als solche gekannt und gehasst wurden. Dafür wählte er den kürzesten Prozess. Ja, den Flammen übergab er viele bekannte Verbrecher. Und so machte er sich langsam aber sicher einen Namen, eine abscheuliche Aura. Alle Menschen schworen immer nur noch mit seinen Namen. Wo alle Sicherheitsbehörden gescheitert sind, hat er es geschafft.

Ich will die Geschichte nicht spannender machen, als sie schon ist: heute verfault Kapitän Loja lebenslänglich im selben Gefängnis wie dein Junge, nach dem du fragst. Letzterer muss für zwanzig Jahre sitzen. Nur Gott wird deinem Jungen ein neues Leben schenken."

Mein lieber Barka,

es ist nicht so, dass ich diesem Gesprächspartner, der dein politischer Gegner ist, mehr vertraue als dir. Du wirst mir vielleicht Angst oder Weichheit vorwerfen, wie du in deinem letzten Brief, aber in einem anderen Kontext, angedeutet hattest. Aber wenn man eine solche Situation von Weitem erzählt bekommt, darf man nicht einfach die Augen schließen und sagen: „Ne, es trifft nur die Anderen". Es wäre unvernünftig und unverantwortlich von mir, wenn ich so denken würde. Wie du weißt, trage ich die Verantwortung von zwei Schätzchen, meinen Kindern, die ich über alles liebe, und die ich gern noch ein Stück aufwachsen sehen möchte, soweit Gott mir die Langlebigkeit schenkt. Also, wenn ich sage, ich komme nicht zurück, so sind meine Kinder für mich kein Vorwand. Ich habe schon genug Gründe, nicht nach Hause zurückzufliegen, euch nicht zu besuchen. Mein Entschluss steht fest: ich bleibe hier. Hier bin ich zu Hause.

Meine schönen Grüße an alle dich Liebenden!

Ganz freundlichst!

Dein deutscher Freund J. Benedikt T. Wagner

& & &

Kapitel

Weitere Bücher von indayi edition (Auszug)

264

266

Der Schock-Ratgeber über Impotenz
Das Buch, das die Potenzschwäche und die Erektions-
störung des Mannes radikal und drastisch erklärt

Iss, trink & denk dich impotent und schlapp

Warum ER so oft schlapp macht und ES bei jungen Männern nicht klappt

EREKTIONS & POTENZ KILLER

Die Verweichlichung des Mannes

geheimes afrikanisches Wissen

Die 13 Feinde der Libido und
die 10 brutalsten Potenzkiller

Inklusive:
- Warum westliche Männer eine schwächere Potenz haben als Afrikaner
- Wie ein ungesunder Darm und negatives Denken Erektionsstörungen auslösen
- Ausführliche Listen potenz- und lustkiller Lebensmittel
- Power Koch- und Trink-Potenzkiller-Rezepte

K.T.N. Len'ssi

NO SEX

Flaute im Bett

Keine Lust mehr auf Sex
kann man lernen!

Oder die Kunst, den Partner
sexuell lahmzulegen und die
Libido in der Beziehung zum
Erlöschen zu bringen

Die 20 erstaunlichen und
skurrilen Gründe, die
dazu führen, dass
die Lust stirbt

K.T.N. Len'ssi

SEX MACHT ENERGIE

Trump
Putin
Berlusconi
Macron
Clinton
Cosby
Wedel
Weinstein
Diana
Juan Carlos
Strauß
Brandt
Mao
Cäsar

Warum mächtige
Männer und Frauen
eine hyperaktive
Libido haben

Nicht nur zum Spaß
und gegen Stress:
Die geheime Macht der
sexuellen Energie

Pass auf, mit wem du schläfst!

Die sexuelle Energie deines Partners kann
über dein Pech, deinen Misserfolg oder
dein Glück, deinen Erfolg, deine
Gesundheit entscheiden

**Polygamie oder Monogamie?
Treue oder Untreue?
Liebe oder Erotik?**

So hältst du dein Sexleben am Brennen!

Sex-Tuning
auf afrikanisch -
ohne Tabu!

Inkl. Tipps und
Tricks zur Potenz-
steigerung

Afrikanisch
inspirierter Sex- und Beziehungsratgeber

K.T.N. Len'ssi

Mit 15 spannenden Interviews, in denen
Menschen tabulos über ihr Sexleben sprechen

Printed in Poland
by Amazon Fulfillment
Poland Sp. z o.o., Wrocław

24899003R00156